BONIFATIUS

Bibliografische Information der Deutschen Nationalbibliothek:
Die Deutsche Nationalbibliothek verzeichnet diese Publikation in der Deutschen
Nationalbibliografie; detaillierte bibliografische Daten sind im Internet über
http://dnb.d-nb.de abrufbar.

Klimaneutrale Produktion.
Gedruckt auf umweltfreundlichem, chlorfrei gebleichtem Papier.

© 2023 Bonifatius GmbH Druck | Buch | Verlag, Paderborn
Alle Rechte vorbehalten. Das Werk darf – auch teilweise – nur mit Genehmigung
des Verlags wiedergegeben werden, denn es ist urheberrechtlich geschützt.

Umschlaggestaltung: Weiss Werkstatt München, *werkstattmuenchen.com*
Umschlagfoto: Harald Oppitz
Fotos und Abbildungen: privat, außer: S. 231: Harald Oppitz, S. 232
oben u. links: Walter Müller, S. 234 oben u. unten:
Cristian Gennari/Romano Siciliani/KNA, S. 235: Harald Oppitz.
Druck und Bindung: FINIDR, s.r.o.
Gedruckt in der Tschechischen Republik

ISBN 978-3-98790-009-9

Weitere Informationen zum Verlag:
www.bonifatius-verlag.de

BEATE & ULRICH HEINEN
MIT HEIDI FRIEDRICH

WENN NONNE & MÖNCH DIE LIEBE FINDEN

BONIFATIUS

Pax et bonum

Inhalt

Vorwort 9

Eigentlich eine unmögliche Liebe 15

Minirock statt Habit 39

Opa statt Oberer 63

Kloster zu zweit 101

Ein gutes Team 117

Was uns trägt 131

Kunst als Lebensquell und Zufluchtsort 159

Schlüsselmenschen 189

Vade mecum – Geh mit mir
Veni mecum – Komm mit mir 213

Geschenke des Himmels 239

Epilog 249

Danksagungen 252

Ein Kind ist uns geboren

Ein Menschenpaar kniet nebeneinander.
Ihre Gestalten bilden eine Form, die wie ein Herz aussieht.
Um sie herum strahlt eine rote Aura wie ein Rosenblatt.
Sie sind einander zugeneigt.
Vom Himmel hoch senken sich lange Arme mit zärtlich schützenden Händen in ihre Mitte, in ihren Schoß herab.
Darin liegt das Kind, das neue Menschlein, das Wunder der Liebe.
Behutsam berühren der Mann und die Frau dieses von Gott geschenkte Geheimnis.
Es ist eine fließende Bewegung in dem Geschehen.
Das Wunder der Menschwerdung erweckt Staunen und über allem wölbt sich ein Regenbogen wie ein Schutzschild.
Ganz unten sind zwei kleine Pflänzchen zu sehen ...
Da blüht etwas auf!
Der Farbtenor des Bildes ist violett,
die Mischung von Blau und Rot.
Blau ist die Farbe der Sehnsucht, Rot die der Liebe.
Sehnsucht und Liebe sind in uns allen,
sind jedem Menschen von Beginn an eingepflanzt.

◂ Beate Heinen, „Ein Kind ist uns geboren", 2013

Hoffnung und Zuversicht

Lass uns einander
diese Zärtlichkeit und Achtsamkeit
immer neu und treu schenken,
damit die Wärme der Liebe
in unseren Herzen
miteinander und füreinander
nie verlorengeht und erkaltet.

Gebet von Beate und Ulrich zur Verlobung 2019

Vorwort

Beate || Schon als ich Ulis schöne Hände das erste Mal sah, wusste ich, dass ich sie irgendwann einmal malen wollte. Als ich mich dann 2013 an die Arbeit des jährlichen Weihnachtsbildes für den Verlag des Klosters von Maria Laach machte, war der Moment gekommen. Uli willigte ohne zu zögern ein. In meinem Atelier saß er mir einen ganzen Oktobertag lang – in aller Geduld und meist schweigend – Modell. Das warme Herbstlicht der Sonne fiel von draußen durch die Fenster und vergoldete die Atmosphäre im Raum. Als so das Bild „Ein Kind ist uns geboren" entstand, fühlte ich mich zärtlich verbunden mit der ganzen Welt, aber auch mit Uli. Immer wieder veränderte er auf meine Weisung hin, für meine Studien und Skizzen, die Position. Seine Bewegungen waren dabei nie ruckartig. So als würde er ganz behutsam über den Rücken eines Hundes oder einer Katze streichen, kamen sie mir vor, bis die eine Hand wieder in seiner anderen ruhte. Nach oben hin geöffnet, das Jesuskind geborgen haltend. Neues Leben. Empfangend.

Ulrich || Ich fühlte mich geehrt, dass Beate gerade meine Hände für dieses Bild malen wollte. Meine Hände sollten das Jesuskind auf diesem Weihnachtsmotiv halten dürfen? Ich war während des

Modellsitzens voller Ehrfurcht vor ihrer Kunst, wagte es kaum, mich zu bewegen oder Beate durch Fragen zu stören. Für mich war es das erste Mal, mich für ein Kunstwerk zur Verfügung zu stellen und so intensiv, so nah beobachtet zu werden. Ich genoss diesen Moment. In ihrer Nähe. Er war anders als vorige. Besonders. Denn in den Stunden, als ich dort vor ihr saß, schweiften meine Augen wieder und wieder durch ihr Atelier. So, als ob sie alles bis ins kleinste Detail begreifen wollten, was diese Frau ausmacht. Überall standen Pinsel in Bechern herum, lagen offene Tuben auf dem großen Holztisch. Die Wände waren – und sind es noch heute – behängt mit zahlreichen farbenprächtigen Bildern aus den vergangenen Jahren und Plakaten ihrer Kunstausstellungen. Ihr Atelier kam mir auf einmal vor wie die Schatzkammer eines reichen Künstlerinnenlebens. Ihre Werke, ihre Schätze, Stationen ihres Lebens umgaben uns. Wir sprachen die ganze Zeit kaum miteinander. So konnte ich die Intimität des Moments noch deutlicher spüren. Und mit jedem Atemzug, mit dem ich den Geruch der Ölfarbe im Raum einatmete, hatte ich das Gefühl, Beate als Mensch, als Person, ja sogar als Frau immer näher zu kommen.

Beate || Hände sind so etwas Intimes. Sie sind es, die meist als Erstes die Welt unmittelbar um uns herum berühren. Hände geben, empfangen, verschenken, dienen, streicheln, lenken, liebkosen, arbeiten und bewegen. Sie lassen uns begreifen … Uli war mir durch dieses Bild nähergekommen. Seine Hände berührten mich.

Beate und Ulrich || Unsere Geschichte ist sicher die einer besonderen Liebe. Nicht weil wir meinen oder behaupten, unser Gefühl füreinander wäre stärker als das von anderen Paaren. Wir unterscheiden uns da nicht. Nur hätte es unsere Beziehung eigentlich gar nicht geben dürfen, wenn, ja wenn wir den Wegen weiter gefolgt wären, die wir als junge Menschen ursprünglich eingeschlagen hatten. Wir waren Benediktinernonne und Franziskanerbruder, lebten viele Jahre im Kloster und Orden. Beide waren wir damals bei unserem Eintritt fest entschlossen, unser Leben dort bis zum Ende zu verbringen. Doch es kam anders. Gott führte es anders. Für uns eine Fügung, für andere sicher auch ein Affront.

Wir entschieden uns, den Lebensweg anders zu gestalten. Nach zehn Jahren (Beate) und nach vierzig Jahren (Ulrich) gaben wir unserem Leben eine Wendung. Und so konnte sich fügen, dass wir zueinander fanden, ein Paar wurden, heirateten und nun miteinander leben.

Verantwortung, Verpflichtung und Treue sind wichtige Tugenden für uns, damals wie heute. Doch wenn das Gefühl so stark in einem selbst wird, dass die Zeit für eine andere, neue Lebensform anbricht, muss man – nach reiflicher Prüfung – dahin gehen, wohin das Herz einen führt.

Das Kloster zu verlassen war für uns beide also keine Entscheidung gegen etwas, das uns missfiel, sondern für etwas Neues, zu dem es uns hinzog. Sowohl das Leben im Kloster als auch das in einer Ehe sind wunderbare Lebensformen voller Glück, und sie stecken gleichzeitig voller Herausforderungen.

Wir verstehen das nicht als ein Entweder-oder, sondern als ein Und. Wir durften beides erleben. Und wir haben unendlich großes Glück: Für beides gab und gibt es in unserem Leben Raum und Zeit.

Liebe Beate,

nachdem ich mehrfach Deinen lieben Brief gelesen habe, möchte ich Dir voller Freude und mit Sonne im Herzen diese Zeilen schreiben.

Dein Brief löst in mir freudige Überraschung und doch auch stilles Staunen aus. Wir kennen uns wirklich erst wenige Stunden und doch scheint es, dass in diesem „Wenig" – „vieles" geschehen ist.

Sicherlich hätte ich kaum – so offen wie Du – in einem Brief mein Denken, Fühlen und Erleben mitgeteilt. Ich hätte erst einmal für Deine Bereitschaft und die persönliche Begegnung an diesem Tag gedankt und Dir gesagt: „Du bist eine liebenswerte und auch sehr offene Frau, die hinhorchen und hinschauen lässt." Auch wenn wir nicht, wie jetzt im Brief – dies ist ein wirkliches Weihnachtsgeschenk –, in unserem Dialoggespräch einander mitteilen konnten, die Begegnung mit Dir wäre für mich sicherlich ein Leben lang lebendig geblieben. Doch nun lebt dieses Weihnachtsbild mit all seinen Farben noch mehr in mir. Ganz gewiss wird es das Weihnachtsbild sein, welches mich auch die weiteren Jahre meines Lebens auf besondere Weise begleiten wird. Es ist und bleibt ein ganz besonderes Weihnachtsbild, weil es rückgebunden ist an einen ganz bestimmten Menschen, an Dich mit all Deinem Erleben, Deiner Freude, Deiner Trauer und Deiner Zuversicht, die sich nährt aus tiefem Gottvertrauen.

Brief von Ulrich, Dezember 2009

Eigentlich eine unmögliche Liebe

Ulrich || Wer war diese Frau, die mir gleich die Tür öffnen würde? Ich kannte ihre Kunst schon so lange. Eigentlich hat sie mein ganzes Leben begleitet. Doch welche Person steckte hinter dem Namen Beate Heinen?

Ich ahnte nicht, als ich damals langsam Stufe für Stufe die Treppe zu Beates Haus hochging, wie entscheidend dieser Moment der Begegnung mit ihr für mein weiteres Leben sein würde. Und obwohl es ein kalter Novembertag war und ich fror, zögerte ich einen Moment, ehe ich klingelte. Es war, als müsste ich mich für die bevorstehende Verabredung rüsten.

Einer meiner Franziskaner-Mitbrüder hatte Beate einige Wochen zuvor besucht und danach so enthusiastisch von Beates Herzlichkeit und der Atmosphäre in Haus und Atelier berichtet, dass ich nun gespannt war, welcher Mensch mich erwarten, ja willkommen heißen würde. Dann fasste ich mir ein Herz und klingelte. Gleich durfte ich Beate Heinen, die Künstlerin, persönlich kennenlernen.

Während ich darauf wartete, dass sie mir die Tür öffnete, ging ich gedanklich schnell noch einmal alles durch, was ich ihr im

Gespräch sagen wollte. Schließlich war ich gekommen, um sie für einen Vortrag in meinem Kloster zu gewinnen. Und da wollte ich einen möglichst guten Eindruck auf sie machen.

Beate || Ich weiß noch, wie ich dachte „Ach, ist der alt!", als ich Uli damals zum ersten Mal um die Ecke kommen sah. Heute muss ich darüber lachen. Er hatte schon damals recht wenig Haare auf dem Kopf. Mit seiner braunen Kutte erschien er mir auch nicht gerade jugendlicher. Aber er kam ja sowieso als „Mönch", nicht als Mann. Äußere Attribute hatten in dem Moment *eigentlich* keine Bedeutung. Ich bat ihn herein und bot ihm einen Platz auf meiner Ofenbank in meinem Atelier an, wo er sich sichtlich wohlfühlte.

Ulrich || Ich habe sie damals bei unserem ersten Treffen, unserem Kennenlernen, das ja einen dienstlichen Zweck hatte, gar nicht als Frau wahrgenommen. Zumindest nicht bewusst. Ich bin ihr ja auch nicht als Mann begegnet. Zumindest nicht bewusst. Ich war in einer neutralen Rolle, übte als Veranstalter eine Funktion aus und hatte keinerlei Hintergedanken. Sie war für mich die verehrte Künstlerin, mit der ich demnächst zusammenarbeiten wollte. Es ging um die Sache. Mehr nicht. Zumindest nicht bewusst.

Beate || Ich weiß noch, kaum fing Uli an zu sprechen, dehnte sich eine unglaublich schöne Wärme in mir aus. *Was hat dieser Mann für eine angenehme Stimme!* Vollkommen auf mich konzentriert, begann er mir Fragen zu stellen. Über mein Schaffen als Künstlerin, meine Bilder, die Farbgebung, was mir am Herzen lag …

Meine ausführlichen Antworten unterbrach er nie. Er hörte mir so interessiert und geduldig zu, dass ich mich sofort bei ihm aufgehoben fühlte. Ganz frei erzählte ich ihm aus meinem Leben, als würde ich ihn schon immer kennen. Von einer Tasse Schwarztee zur nächsten wuchs in diesen zwei, drei Stunden unsere Vertrautheit.

Ulrich || Irgendwann stellte ich fest, unsere Begegnung war alles andere als oberflächlich. In dem Gespräch mit Beate habe mich sehr wohlgefühlt. Alles, was sie erzählte, war so interessant und spannend, dass die Zeit nur so verflog.

Beates Atelier beeindruckte mich besonders: die hohen Decken, die großen schlanken Fenster, Wände wie durchbrochen von den dort aufgehängten Bildern, die ich bisher nur von Postkarten kannte – einer Ikonostase gleich, mit der Botschaft vom Leben und von Gottes Nähe! Überall das leuchtende Rot und das tiefe Blau: Es war, als würde ich in eine andere, fast sakrale Dimension blicken dürfen. Es musste hinter den vielen Holztüren, die eine ganze Wand bedeckten, ein Heiligtum verborgen sein. Ja, so kam es mir damals vor.

Beate || *Wie gut, dass er diesen Habit anhat,* dachte ich irgendwann. Ein guter Schutzschild, ein Grenzsymbol. Denn ich wusste gar nicht, wie mir geschah. Hatte Uli jemals *nicht* bei mir zu Hause gesessen? So vertraut war die Atmosphäre zwischen uns. Und ich merkte, wie ich innerlich ganz weich wurde. Denn da ich von mir wusste, dass ich mich für gewöhnlich sehr schnell verliebe, musste ich mein Herz in Schach halten.

Wie kam es, dass mir dieser Mensch auf einmal, aus einer dienstlichen Begegnung heraus, so nahekommen konnte? Dabei war ich selbst doch gerade noch voll mit anderen Gefühlen.

Ich war zu diesem Zeitpunkt noch stark im Trauerprozess nach dem Tod meiner Mutter. Allein schon deshalb fühlte ich mich nicht so offen, wie ich es eigentlich von früher von mir kannte.

Doch als sich Uli später wieder auf den Weg machte, ahnte ich: Dieser Mensch wird mir viel bedeuten. Ich wollte ihn auf jeden Fall näher kennenlernen. Kaum war er weg, musste ich mich erst einmal setzen. Ich war wie benommen.

Ulrich || Beate ist immer in unmittelbarer Berührung mit ihren Gefühlen. Das braucht sie, wie ich später erfuhr, auch als Inspiration für ihre Kunst. Ich hingegen bin da vom Typ viel vernünftiger. Ich war schließlich gekommen, um sie für eine Podiumsdiskussion und eine Ausstellung zu gewinnen.

Beate || Ein Vortrag in einem mir vollkommen neuen Umfeld? Das erschien mir in diesem Moment nicht selbstverständlich. Ich ließ meine Entscheidung noch offen, denn ich machte mir Sorgen, wie es wohl sein würde, wenn wir uns wiedersehen – nach unserer Vertrautheit in einer anderen Umgebung und in aller Öffentlichkeit. Ich war mir nicht sicher, ob ich wirklich zusagen sollte. Ich hatte mir Bedenkzeit erbeten. Hätte ich gleich zugesagt, wäre das wie ein Pflichttermin gewesen. Doch es war mehr eine Herzensangelegenheit. Dennoch tobte in meinem Innern die Frage: Könnte ich meine Zuneigung wohl verbergen?

Ich brachte die Entscheidung über meine Zu- oder Absage auch in mein Gebet vor Gott. Und hörte letztendlich auf mein Herz: Nun gut, er würde mich ja auf dem Podium zu meiner Kunst interviewen. *Das würde gehen. Das würde mir eine Stütze sein*, beruhigte ich mich. Ich hatte wirklich Angst, man könne mir vielleicht eine gewisse Befangenheit oder Unsicherheit anmerken. So schnell war es um mich geschehen. Wie ein Blitz aus heiterem Himmel. Als ich Uli dann tatsächlich zusagte, merkte ich, wie sehr er sich darüber freute. Auch das ermutigte mich.

*

Ulrich ‖ Sieben Wochen vergingen. Ich hatte Beate zwischenzeitlich einen Brief geschrieben, in dem ich ihr für die Zusage dankte. Distanziert-höflich. „Liebe Frau Heinen ..." Ich war bewusst beim *Sie* geblieben. Dann kam der Termin des Auftritts, der 27. November 2009.

Beate ‖ Uli war mir seit unserer ersten Begegnung nicht aus dem Kopf gegangen. Ich war gespannt, wie ich mich fühlen würde, wenn wir uns wiedersehen. Es war etwas in mir passiert, das ich noch nicht ganz einordnen konnte. Oder ich wusste es nur zu genau. Auch die Fahrt auf die andere Seite des Rheins zum Mutterhaus der Franziskanerbrüder vom Heiligen Kreuz war nicht geradlinig und einfach. Es war Schnee gefallen und ich musste mich als Autofahrerin sehr auf die kurvenreiche Strecke konzentrieren. So war ich etwas abgelenkt von weiteren Gefühlen.

Das Podiumsgespräch fand im Refektorium von Ulis Kloster statt. Das ist ein neuerer Bau, in dem etwa 60 Menschen an Tischen saßen und wir auf einem kleinen Podest im hinteren Bereich des Raums. Mein Maria Laacher Weihnachtsbild von 2009 stand neben uns auf einer Staffelei. Alle hatten es im Blick. An den Wänden hingen etwa 20 gemalte Porträts sämtlicher Generaloberer aus der 150-jährigen Geschichte der Franziskaner-

Gemeinschaft. Ulis Bild hing noch nicht dort, weil seine Amtszeit ja noch nicht beendet war.

Zwei Stunden lang befragte er mich nach meinem Leben und nach meiner Kunst, so ähnlich wie er es schon zu Hause bei mir getan hatte. Nur war es dieses Mal noch intensiver. Er stellte so gute Fragen, dass unser öffentliches Gespräch immer freundschaftlicher und persönlicher wurde. Irgendwann fühlte es sich für mich so an, als wären nur noch wir zwei im Raum, als wären da nur noch unsere beiden Stimmen. Alle anderen waren weg. Für uns weg. In diesen zwei Stunden fanden unsere Seelen zueinander.

Eine Pause, nach der eine zweite Gruppe in die Runde mit dazukommen sollte, brachte uns schließlich wieder in den Raum zurück – auch zu den Menschen, die uns zugehört hatten. Eine Pause, die ich dringend benötigte.

In einem karg eingerichteten Gästezimmer, in dem klösterliche Ruhe herrschte, konnte ich mich ein Stündchen ausruhen, ja sogar auf ein altmodisches Kanapee hinlegen. An der Wand hingen lauter fromme Bilder, darunter ein Foto von Papst Paul VI. und direkt gegenüber, auf der anderen Seite, eines von Petrus mit dem Hahn. Diese Gegenüberstellung, ob gewollt oder nicht, fand ich sehr lustig. Auf den Tisch hatte jemand Blumen, Obst, Schokolade und etwas zu trinken hingestellt.

Ulrich || Das Schmücken des Gästezimmers übernahmen sonst immer meine Mitbrüder. Aber bei Beate war es mir ein Herzensanliegen gewesen, es selbst zu tun.

Beate || Ich kam nicht wirklich zur Ruhe. Irgendwann machte ich mich auf die Suche nach Ulrich. Ich hatte keine Ahnung, wo sich sein Büro befand, also schlich ich durch die langen verzweigten Gänge und fragte mich durch, von einem Bruder zum anderen, bis ich Uli endlich gefunden hatte. Er schien verdutzt, als er von seinem Schreibtisch aufsah und ich in der Tür stand. Nun war ich diejenige, die anfing, ihm Fragen zu stellen. Ich wusste, ich hatte nicht viel Zeit, bis unsere nächste Veranstaltung beginnen sollte. Also löcherte ich ihn. Ich musste mehr über ihn herausfinden, auch erspüren, wie er zu mir steht. Wir schauten uns lange an.

Ulrich || Ich habe Beate gesagt, ich sei gebunden. Ich musste das tun. Denn ich wusste, sie war nicht verheiratet, sie war frei. Und ich konnte das vor mir selbst nicht verleugnen: Es war in den ersten zwei Stunden auf dem Podium eine Vertrautheit zwischen uns gewachsen. Etwas war zwischen uns in Schwingung geraten. Aber ich war gebunden. Ans Kloster gebunden. An meine Gemeinschaft gebunden. An meine Verantwortung gebunden. An mein Versprechen, meine Profess, gebunden. Ein für alle Mal. Punkt. Schluss.

Nein, nicht Schluss. Ich habe das damals noch nicht gleich so reflektiert. Ich wollte auf jeden Fall weiterhin mit ihr als Künstlerin in Kontakt bleiben. Ich spürte, dass zwischen uns etwas wachsen könnte. Ich wollte aber irgendwie auch weiter mit ihr als Frau in Verbindung sein, sie kennenlernen, ihr nahe sein …

Das war nicht das erste Mal, dass ich in meiner Klosterzeit einer Frau emotional nähergekommen bin. Aber in den anderen Fällen war auch die beteiligte Frau stets gebunden, verheiratet. Die Hürden waren – Gott sei Dank, wie ich fand – immer hoch genug, um der Versuchung weiter widerstehen zu können. Nun aber schien etwas auf- oder gar zusammenzubrechen, was mir bisher Schutz geboten hatte. Was war nur geschehen mit mir?

Beate ‖ Nach der zweiten Gästerunde, als ich gerade bei der Klosterpforte meine Dinge zusammenpackte, kam Uli zu mir und fragte mich, wie hoch ich mir mein Honorar für die Veranstaltung vorstelle. Ich antwortete nicht gleich und schüttelte kurz darauf den Kopf: Nein, dafür kann ich unmöglich Geld annehmen.

Ulrich ‖ Bevor Beate sich verabschiedete, hatte ich noch den Wunsch, ein Foto von ihr mit ihrem Bild „Weihnachtsbaum" in unserer Klosterkirche zu machen. Es kam mir so vor, als wollte ich Gott meine neue Freundin vorstellen, sie ihm anvertrauen. Da hatte ich noch keine Ahnung, was sich ja alles ereignen würde.

Beate ‖ Zum Abschied umarmte ich ihn und bot ihm das Du an. Da war es besiegelt. Wir würden uns wiedersehen.

Beate und Ulrich ‖ Aber: Wir wussten beide, dass etwas passiert war, was nicht rückgängig zu machen war. Wir brauchten uns gar nicht erklären.

Ulrich ‖ Ich erinnere mich noch sehr gut, wie erfüllt und glücklich ich an diesem Abend war. Viele Gedanken, Bilder und Gefühle begleiteten mich in den Schlaf.

*

Beate || Ulrich besuchte mich im Januar …

Ulrich || … und zwar ohne besonderen Grund oder Vorwand. Es hat mich einfach so zu ihr hingezogen.

Beate || Er kam „in Zivil", ohne Kutte. Und ich weiß noch, wie er Minuten später in einem hellblauen Polohemd mit weißem T-Shirt darunter vor mir stand. Ich nahm zum ersten Mal seine wunderschönen blauen Augen wahr, deren Leuchtkraft durch die Farbe seiner Kleidung noch verstärkt wurde.

Bei unserem anschließenden Spaziergang wuchs die Nähe weiter zwischen uns, wir waren glücklich wie Kinder und zogen gemeinsam los, einander untergehakt. Wir vertrauten uns schon da unsere tiefsten Geheimnisse an. Dennoch war das Gespräch alles andere als schwer. Im Gegenteil: Wir lachten viel und waren fröhlich. Auch unser Glaube und unsere Gotteserfahrungen waren Teil des Gesprächs, das uns nur noch näher zueinander brachte.

Beate und Ulrich || Es hatte geschneit und wir hatten uns zu einer Wanderung entlang des Kraterrands des alten Vulkans aufgemacht. Wo wollte uns diese Verbindung hinführen, fragten wir uns.

Als wir wieder aus dem Wald herauskamen, hoch über Wassenach, waren das Dorf und der Himmel vor uns in Rosatöne getaucht. Ein Wunder! *Vielen Dank, Heiliger Geist*! Hand in Hand gingen wir zurück zum Haus. Als wir uns verabschiedeten, umarmten wir uns fest und innig.

Beate || Ich wusste nicht, wann wir uns wiedersehen würden. Ich war aber so glücklich über all das Neue und Schöne, was wir uns gesagt hatten, dass mich das im ersten Moment nicht störte. Voller Hoffnung, was entstehen könnte, schwebte ich wie im siebten Himmel.

Ulrich || Beate hatte mir vor unserem Treffen geschrieben: „Mein Ulrich, ich trage dich wie ein Ungeborenes in meinem Herzen." Auch ich war Feuer und Flamme: „Ich freue mich auf das, was ich mit dir erleben darf." Doch ich war fest in einer anderen Welt verwurzelt. Also versuchte ich meine Gefühle in Schach zu halten. Es war ja so: Beate konnte ihren Gefühlen freien Lauf lassen. Auch ich fühlte mich berührt und beschenkt, ja, aber gleichzeitig war ich sehr angespannt. Mich begleiteten Gewissensbisse und das Gefühl, etwas Verbotenes zu tun. Und ich sorgte mich bereits nach den wenigen Stunden bei Beate, ob ich im Kloster wohl schon vermisst würde. Deshalb war ich wiederum froh, als ich zurück in meine andere Welt fuhr. Ich konnte die Stunden mit Beate gut für sich stehen lassen. Zukunftspläne machte ich keine.

In den darauffolgenden Wochen schrieben wir uns viele lange Briefe. „Du weißt, wie ich empfinde, aber ich will dich nicht bedrängen." Beate wusste, was sie wollte. So weit war ich allerdings noch lange nicht. Es lässt sich leicht sagen: *Gott führt uns.* Es war ein Herantasten, Sich-Einlassen, Weitergehen, vor allem musste es doch erst für mich klar werden: *Das ist mein Weg.*

Beate || Ich hatte von Anfang an den Wunsch, Uli zu heiraten. „Für mich bist du mein Mann und ich möchte deine Frau werden."

Ulrich || Obwohl Beate *keinen* direkten Druck auf mich ausübte, mich zu entscheiden, so spürte ich dennoch ihre Erwartung. Und zwar ganz deutlich.

Insofern begann eine Zeit, in der ich mich wie schizophren in zwei Parallelwelten bewegte. Eine Zerrissenheit fing an, mich zu plagen. Wenn ich nicht mit Beate zusammen war, mit ihr nur am Telefon sprach, sehnte ich mich schrecklich nach ihr. Ich fuhr mit der Zeit deswegen immer häufiger nach Wassenach. Als Generaloberer meiner Gemeinschaft war ich ohnehin viel unterwegs und konnte solche Besuche ohne große Rechtfertigung gut kombinieren. Doch mein schlechtes Gewissen gegenüber den Franziskanerbrüdern war immer ein Stachel, der mir wehtat. Ich hatte schließlich ein Gelübde abgelegt, das mir die Nähe zu einer Frau verbot. Ich wusste: Irgendwann würde ich mich für eine Welt entscheiden müssen. Und auf Dauer würde ich den Druck, der sich in mir aufbaute, nicht aushalten können. Doch ich war noch lange nicht reif. Noch war ich nicht nur äußerlich, sondern auch innerlich hin- und hergerissen. Doch die Bindung zum Orden war stärker. Immerhin war ich damals schon über 30 Jahre Mitglied.

Beate || Ulrich wuchs auch ohne Entscheidung immer mehr in meine Welt hinein, nahm Anteil an ihr. Schon nach ein paar Monaten lernte er meine Tochter Elisabeth kennen, die in Mainz wohnte. Sie begegnete ihm in aller Offenheit. Doch natürlich war es auch für sie eine seltsame Situation – *plopp* –, neben mir einen Mann zu erleben, der einerseits im Kloster lebte, andererseits mit mir so vertraut war. Ich weiß noch, Elisabeth hatte große Zweifel daran, ob Ulrich je eine Entscheidung treffen würde.

Ulrich || Tief in mir hatte ich immer die Sehnsucht nach einer Familie und fühlte mich ganz wunderbar geführt, eine Rolle in Beates Familie einnehmen zu dürfen. Doch selbst diese wunderschöne Aufgabe war geprägt von der Angst, es könne über einen meiner vielen Kontakte auf die andere Rheinseite gelangen, dass ich eine neue Rolle angenommen hatte. Nie fühlte ich mich ganz frei, einen Moment voll und ganz zu genießen. So war das auch später, als ich an den Taufen von Beates Enkeln teilnahm oder als ich mit Beate und Elisabeths Familie in den Urlaub fuhr. Zwar hinterfragte niemand öffentlich diese seltsame Menage, aber ich hatte immer ein beklemmendes Gefühl, dass ich doch irgendwann hinterher zur Rechenschaft gezogen würde, was ich da wohl getan hätte. Und wer weiß, was hinter vorgehaltener Hand geredet wurde?

Beate || Für mich war das eine große Umstellung, als Uli immer mehr an meinem Leben teilnahm. Ich hatte mir schon lange gewünscht, wieder einen Partner zu finden. Und natürlich habe ich mich gefreut, dass nun endlich jemand an meiner Seite war. Wenn auch nur phasenweise. Hatte ich beispielsweise Gruppen im Atelier zu Besuch, half er mir mit der Zeit immer mehr bei der Organisation dieser Veranstaltung. Und wenn wir die Gäste gemeinsam an der Tür verabschiedeten, war das ein tolles Gefühl, endlich nicht mehr alleine dazustehen und dann die Tür hinter sich zu schließen. Unsere gemeinsame Liebe zur Kunst machte nach außen so manches erklärbar. Für mich wurde Uli mehr und mehr zu meinem Lebensgefährten, für die anderen immer noch Bruder Ulrich.

Ulrich || Obwohl wir viele öffentliche Veranstaltungen gemeinsam besuchten oder abhielten, schienen alle immer noch den Wald vor lauter Bäumen nicht zu sehen. Niemand sprach uns je auf unsere Beziehung an, solange ich noch der Bruder Ulrich war. Als ich beispielsweise wieder einmal nach Indien reisen musste, um dort verschiedene Gemeinschaften zu besuchen, mit denen wir als Franziskaner zusammenarbeiteten, wurden mir alle meine Papiere gestohlen – und mein Handy. Ich konnte Beate also nicht direkt erreichen und bat daher meine Brüder in Deutschland, sie zu kontaktieren und ihr mitzuteilen, dass es mir gut ginge. Nicht einmal da schien es kritische Bemerkungen zu geben. Ist das nicht verwunderlich?

Beate || Das war schon merkwürdig. Und natürlich hätte ich mir Uli ganz bei mir gewünscht. Doch ich bin kein Mensch, der mit der Faust auf den Tisch haut und seine Bedürfnisse durchsetzt. Schon gar nicht, wenn es um die Liebe geht. Die Zeit mit Uli war das Kostbarste, was ich damals hatte. Nie hätte ich sie aufs Spiel gesetzt wegen eines Ultimatums. Ich nahm alles in Kauf, nur um Uli weiter bei mir zu haben. Ich weiß nicht, wie oder ob ich es ausgehalten hätte, wenn er sich gegen mich oder einfach gar nicht entschieden hätte …

Ulrich || Irgendwann war jedenfalls uns beiden klar: So konnte es nicht weitergehen.

Beate || Vor allem, wenn er sich manchmal für vier Wochen oder zwei Monate zurückzog, waren das für mich Phasen mit sehr dunklen Gedanken. Das Schweigen und die Unsicherheit waren grausam. Eine einzige Qual. Selbst die Nachbarn fragten mich dann schon: „Kommt der Bruder Ulrich denn wieder?" Jahrelang war da dieses Wechselbad zwischen vertrauter Sicherheit und Unsicherheit ... auch bei mir, nicht nur bei ihm.

Ulrich || Ich war damals noch nicht fähig, eine Entscheidung zu treffen. Im Gegenteil! Eineinhalb Jahre nach unserer ersten Begegnung wurde ich sogar vom Generalkapitel meines Ordens nach bereits zwei vollzogenen Amtszeiten und damit der eigentlichen maximalen Länge für einen Bruder, der das Amt des Generaloberen bekleidet, für eine dritte gewählt. Ausnahmsweise. Meine Brüder meinten, dass ich noch einen wichtigen Auftrag für die Gemeinschaft zu erfüllen hätte ... Ich nahm die Wahl an, obwohl ich wusste, dass ich mich damit sechs weitere Jahre fest ans Kloster binden würde. Ich hätte als Alternative mich nur ganz vom Kloster lösen können. Aber dafür war ich noch nicht bereit. Ich wusste, ich wurde von meiner Gemeinschaft gebraucht, und glaubte: Wenn ich mich dieser „letzten" Verantwortung im Kloster stelle, kann ich hinterher freier entscheiden. Ich habe Beate gebeten, diese Entscheidung mitzutragen, so schwer sie auch war.

Beate und Ulrich || Wir haben beide darüber viel geweint, weil wir ja wussten, was sie für uns bedeutete: Verzicht, Versteck und letztlich doch ganz viel Vertrauen.

Ulrich || Mir wurde da klar: Egal, was ich tue, ich werde jemanden enttäuschen. Aber das war das Letzte, was ich wollte ... Doch mit der Zeit spitzte sich die Lage immer weiter zu. Wir hatten zwischenzeitlich gemeinsam eine Weiterbildung zur Kunsttherapie begonnen. Ein großer Teil davon ist die Auseinandersetzung mit der eigenen Biografie. Es ging also ans Eingemachte. Und mir wurde bewusst: Ich konnte nicht länger verdrängen oder gespalten leben. Meine Gefühle für Beate kristallisierten sich in dieser Zeit stärker heraus. Und auch mein Wunsch, mich damit offen meiner Umwelt mitzuteilen, wurde ganz deutlich. Ich konnte immer weniger damit umgehen, dass ich Menschen, die mir wichtig waren, quasi hinters Licht führte. Ich musste endlich reinen Tisch machen! Wie sollte ich denn andere therapieren und ihnen beistehen und gleichzeitig mit meiner eigenen Vertrauenswürdigkeit hadern? Unmöglich!

Beate und Ulrich || Wir waren beide offensichtlich an einem entscheidenden Punkt angelangt.

*

Ulrich || Das Ganze ging so weit, dass Beate 2015 einen regelrechten Zusammenbruch erlitt. Ich war da gerade bei ihr zu Besuch. Wie so oft hatten wir stundenlang über unsere Situation gesprochen. Noch immer hatte ich mich zu keiner klaren Entscheidung durchringen können. Beate war offensichtlich erschöpft. Sie litt schlimmer denn je unter der halbherzigen Lebenssituation und hatte zur Beruhigung ein Glas Klosterfrau Melissengeist! – *kein Witz!* – getrunken. Leider bewirkte der Alkohol das Gegenteil: Ihre Stimmung schaukelte sich nach oben. Sie legte sich ins Bett und versuchte zur Ruhe zu kommen, doch sie wälzte sich stundenlang schlaflos herum. Ich versuchte ihr zu helfen, kochte ihr einen Tee, sprach beruhigend auf sie ein, doch plötzlich wirkte sie apathisch und atmete seltsam. Ich glaube, sie war einfach am Ende ihrer Kraft, ausgelaugt vom langen Warten auf mich. Und ich fühlte mich in dieser Situation überfordert, ohnmächtig. Ich rief einen Arzt, der sie ins Krankenhaus einwies. Der Weckruf war kilometerweit zu hören!

Beate || Mir ging es damals gar nicht gut. Natürlich verstand ich Ulrichs Situation, aber irgendwann war das Hin und Her einfach nicht mehr auszuhalten. Wir waren am kritischsten Punkt unserer Beziehung angelangt. Das war ihm nun auch klar.

Ulrich || Da wir allein nicht weiterkamen, brauchten wir Hilfe von außen. Während Beate sich in psychotherapeutische Beratung begab, unternahm ich erste Schritte in die Transparenz und weihte nach und nach meine Familie und Freunde ein.

Viel brauchte es da nicht. Beate war bereits allen bekannt. Denn meine Geschwister waren mit mir bereits einige Male bei Beate im Atelier zu Besuch gewesen. Auch war es bereits seit dem ersten Jahr unserer Freundschaft ein fester Bestandteil, dass Beate mich in der Ordensgemeinschaft in Hausen besuchte. Beate und ihre Kunst waren also auch meinen Mitbrüdern vertraut. Sie freuten sich natürlich, ihr zu begegnen und nun in mir nicht nur einen Bruder, sondern auch einen Freund der Familie Heinen zu haben.

Meine Geschwister merkten bald, dass wir beide uns sehr nahe waren, und so sprach ich nach und nach mit ihnen offen über unsere wachsende Beziehung. Unsicherheit und Fragen waren natürlich auch hier spürbar. Doch ich wusste, was uns eint, ist so stark, dass ich ganz offen, wenn auch behutsam über unsere gemeinsame Beziehung sprechen konnte. Auch für Beate war diese Offenheit wichtig, denn so konnte sie nun offener und ganz ehrlich in die Begegnung mit ihnen gehen.

Darüber hinaus informierte ich mich, welche Möglichkeiten es gäbe, ganz generell, ohne Beate ins Spiel zu bringen, meine Position als Generaloberer aufzugeben. Auch ließ ich mich auf diesem Weg von einem Geistlichen in Gesprächen begleiten, was mich stärkte. Nach und nach konkretisierte ich nun doch endlich, was so lange in der Schwebe gewesen war. Zwar war es mir nicht möglich, vor Ablauf meiner Amtszeit meine Aufgaben niederzulegen. Aber *dass* ich es tun würde, sobald der Zeitpunkt kommen würde, war nun keine Frage mehr. Es stand außer Frage, dass der Zeitpunkt einer Entscheidung gekommen war. Nicht nur Beate, auch ich konnte in diesem Spannungsfeld nicht mehr länger so leben. Trotzdem war mir bewusst, dass mit der Entscheidung nicht alles schlagartig leicht würde. Der Weg war weiterhin fordernd.

Beate || Wenn man etwas Gutes sehen will, dann das: Die lange Zeit des Prüfens, des Lebens zwischen zwei Welten – in Summe neun Jahre –, auch wenn es teilweise unerträglich lang erschien, hat uns in unserer Sicherheit füreinander gestärkt.

Ulrich || Bis es so weit war, lebte ich weiterhin intensiv in der Klosteratmosphäre. Aber Beate und ich gestalteten unser Leben so gut es ging gemeinsam: Beate besuchte mich häufig im Kloster, selbstverständlich nie über Nacht. Ich trat auf eine Einladung hin in Beates Lions' Club ein. Wir veranstalteten Beates Jubiläums-Ausstellung „Glaubensbilder-Lebensbilder" in Maria Laach und arbeiteten an unserem Buch „Stationen". Beides entstand zur

Feier von Beates 70. Geburtstag. Besonders die Arbeit am Buch schweißte uns noch intensiver zusammen, weil wir über Monate hinweg intensiv gemeinsam in Beates Vergangenheit eintauchten, Orte und Menschen besuchten, die sie sehr geprägt hatten. Auch durchstöberten wir ihre Schränke im Atelier und auf dem Dachboden gemeinsam. Was wir da alles entdeckten, war schon großartig. Ich dachte: „Was hatte Beate alles geschaffen und wann? Sie muss nächtelang durchgearbeitet haben!"

2012 endete dann zum zweiten Mal meine Verantwortung als Generaloberer, die ich 12 Jahre lang gerne getragen hatte und nun ein weiteres Mal für sechs Jahre übernehmen sollte. Kurz vor der Wahl hatte ich einen Traum: Ich träumte von einer großen Treppe, die ich herunterging. Unten stand ein Rollstuhl, in dem eine ältere Frau saß. Nach und nach kam eine Reihe anderer Mitbrüder die Treppe herunter, ohne dass ich ihre Gesichter genau erkennen konnte. Niemand wollte die Frau im Rollstuhl fahren. Alle gingen vorbei. So fasste ich mir schließlich ein Herz und fuhr sie nach draußen und immer weiter und weiter ...

Beate und ich haben gemeinsam über dieses Bild gesprochen. Uns schien es sehr eindrücklich: Die Frau im Rollstuhl verstanden wir symbolisch als meine Gemeinschaft, und dann die Szene, dass ich „zupacke", sie fahre. Dieses Traumgeschehen war für mich so bedeutungsvoll, dass ich spürte, mich noch einmal zur Wahl stellen zu müssen. War es ein Hinweis Gottes? Ich entschied mich noch einmal für die Gemeinschaft

Als später der Moment kam und ich meinen Habit ablegte, kamen mir die Tränen. Ich bin ein vorsichtiger Mensch und springe nicht einfach drauflos. Verantwortung bedeutet mir viel. Ich wollte auf keinen Fall verbrannte Erde hinterlassen, sondern meine

Aufgaben in Ordnung zu Ende bringen. Da ich sehr anpassungsfähig bin, habe ich weniger Angst, mich auf etwas Neues einzulassen, als vielmehr etwas Altes, mir Liebgewordenes zurückzulassen. Ich wusste genau, auf was ich mich einlasse, sobald ich aus dem Kloster austrete. Mein neuer Platz ist an der Seite von Beate. Es war klar, wir würden dann heiraten.

Doch ich wollte keinen fließenden Übergang. Nach 40 Jahren Kloster brauchte ich eine Auszeit. Ich hatte viel zu verarbeiten, und ich wollte mich innerlich von meinem alten Leben verabschieden und mich gleichzeitig auf mein neues vorbereiten. Trauer und Freude waren in dieser Zeit untrennbar in mir zu spüren. Ich zog mich erst einmal für ein paar Monate in ein anderes Kloster zurück, um bewusst den nächsten Schritt zu gehen. Dort hatte ich viele intensive Träume. Einmal träumte ich von einem großen Krug, der hoch oben auf einem Schrank stand. Als ich mich nach oben streckte und ihn herunterholen wollte, fiel er mir aus den Händen. Als er zerbarst, fielen unzählige bunte Tücher aus ihm heraus.

Beate || Ich war noch nie so glücklich wie an dem Tag, als Uli seine Sachen zu mir brachte. Ich wusste ja schon von Anfang an: *Das ist mein Mann.* Es passte zwischen uns einfach sofort. Es war so, wie wenn man das lang gesuchte Puzzlestück endlich findet und das Bild komplett ist. Mit 75 Jahren!

Ulrich || Im Juni 2019 zog ich bei Beate ein. Ich brachte nur wenige Kartons und Koffer mit meinen persönlichen Dingen mit zu ihr. Doch bevor unser gemeinsames – offizielles – Leben beginnen konnte, standen mir noch ein paar schwierige Gespräche bevor:

Ich wollte meinen Mitbrüdern für ihr Vertrauen und ihre Unterstützung danken und mich persönlich verabschieden. Diese Momente gehörten zu den schwierigsten in meinem Leben, denn viele meiner Mitbrüder waren sehr traurig und manche auch enttäuscht von mir. Immer wieder kamen uns die Tränen. Der Abschied fiel mir nicht leicht. Eine offizielle Verabschiedung gab es nicht. Aber am letzten Abend im Kloster feierten wir gemeinsam mit den Brüdern des Konvents in Cochem die Vesper und aßen zu Abend. Diese gemeinsamen Gebete bedeuteten mir sehr viel.

Beate || Dass wir uns ausgerechnet am Tag der heiligen Elisabeth, am 19.11.2019, in der Kirche von Maria Laach verlobt haben, ist auch von besonderer Bedeutung für Uli: Dies war nämlich 1977 der Tag seines Eintritts ins Kloster. Und nur drei Monate später haben wir geheiratet und uns gegenseitig Ringe angesteckt. Jetzt ist es wirklich so weit, jetzt gehöre ich zu ihm, dachte ich da. Denn in diesem Moment ist ein unsagbar schöner Traum meines Lebens in Erfüllung gegangen.

Beate und Ulrich || Ein Traum, täglich neu eine Liebe zu erleben, die wir beide anfangs nicht für möglich gehalten hätten.

Heimweh nach dem Kloster

Ich verspüre ein Rufen oder ist es nur ein Werben?
Und dann dieses Ausstrecken nach ... ja wonach, auf wen hin?

Mein Leben ist zutiefst „Heimweh" nach dem Kloster,
einem Ort, an dem ich mich angenommen,
verstanden, getragen und geliebt weiß.

Mein Leben bleibt jedoch ein Sehnen
und nur die Hoffnung auf Erfüllung trägt mich auch durch tiefe
Täler.

Leben heißt für mich, diese Hoffnung in mir lebendig halten
und mit ihr in unser Heute eintauchen.

Gefühle formen Gedanken
Konkrete Zukunft will wachsen

Fragen fallen in mein Herz
Antworten sind nur schwer zu greifen

Ulrich Heinen

Beate Heinen, „Heimweh nach dem Kloster", 1975 ▶

Leben ist Wagnis
Ich weiß mich getragen und geführt

Widerstände wachsen in die Erde
Festigen den Grund, auf dem ich gehe

Sehnsucht strömt durch mein Inneres
Wie ein Buch in meinen Händen

Seite für Seite möchte ich lesen
Mich formen lassen für das Leben

Freiheit ruft in die Vielfalt des Lebens
Zweifel ringen mit der Beständigkeit der Liebe

Heimweh tastet nach Geborgenheit
Wo ist mein Platz in dieser Welt

Du führst mich hinaus ins Weite
Du machst meine Finsternis hell

Beate Heinen | Sr. Felicitas, 1973

Minirock statt Habit

Beate || Eine Braut Christi zu sein. Das war schon als Kind mein größter Traum. Ich bin immer gerne in Kirchen gegangen. In unserer Pfarrkirche habe ich mich als Jugendliche oft stundenlang vor die Pieta gekniet, gebetet und Maria zugezwinkert. Sie sollte mich auch wahrnehmen. Ich fühlte mich ihr dann immer besonders verbunden und nah. So als würden wir beide ein Geheimnis hüten. Auf jeden Fall stellte ich mir eine besondere Verbindung mit ihr vor. Überhaupt war ich davon überzeugt, dass ich direkt mit dem lieben Gott und der Heiligen Familie in Verbindung stehe.

Ich hatte mich schon früh für Gott entschieden. Ich wollte Jesus auf jeden Fall sehr nahe sein. Das war klar. Und ich hatte immer eine starke Sehnsucht nach Beziehung – zu einem Menschen, aber auch zu Gott –, nach intensivem Austausch. So fragte ich beispielsweise mit zwölf Jahren ständig den lieben Gott in meinem inneren Zwiegespräch mit ihm, ob ich denn demütig genug sei: „Lebe ich mein Leben so, dass es dir gefällt?"

Auch fand ich es großartig, dass diese Heiligen so verehrt wurden, weil sie etwas Besonderes für Gott getan hatten. Wenn man so in den Kirchen zu den Statuen und Gemälden von ihnen aufsah, ihre schönen klaren Gesichter betrachtete, wurde es mir immer ganz warm ums Herz.

Oft habe ich mir dann einfach vorgestellt, wie es wohl wäre, Nonne zu sein, wie ich in den schweren Gewändern durch die Gänge eines Klosters schreiten würde. Und wie die Leute, denen ich begegnete, mir ehrfürchtige Blicke zuwerfen.

Auf die Idee, ins Kloster einzutreten, kam ich ursprünglich, weil meine eineinhalb Jahre ältere Schwester Gisela bereits diesen Entschluss für sich gefasst hatte. Sie hatte mir im Vertrauen erzählt, dass sie nach der Schule in einen Karmel, wo die Nonnen nach einer besonders strengen Form des Klosterlebens leben, eintreten wolle. Wenn meine Schwester einen solchen Plan hegte, musste es wohl etwas besonders Gutes sein, dachte ich damals, denn ich liebte meine Schwester sehr und in ihr sah ich ein Vorbild für mich. Wir standen uns sehr nah, teilten sogar das Schlafzimmer, wo wir uns abends gerne gegenseitig selbsterfundene Geschichten erzählten. Allerdings wurde mir gleichzeitig bang ums Herz: Ich würde sie ja verlieren, wenn sie ins Kloster eintritt. Die Vorstellung, sie würde dann nicht mehr da sein, war unerträglich für mich. Also war klar: Ich gehe einfach mit – in dasselbe Kloster wie sie. Dann wären wir für immer zusammen.

Ulrich || So wie deine Schwester ins Kloster eintreten wollte, hatte auch mein jüngerer Bruder Michael diesen Wunsch. Kurz nachdem ich eingetreten war, ging er seinen Weg und schloss sich mit 24 Jahren dem Orden der Salesianer an. Gemeinsam mit seinen Ordensbrüdern baute er fast 30 Jahre lang in Ghana eine neue Ordensprovinz auf.

Beate || Ja, wir haben einige Parallelen in unseren Lebensläufen ...

Ulrich || Für uns waren Ordensleute relativ normal. Unsere gesamte Familie war ja katholisch sozialisiert. Wie sollte das auch anders sein, wenn man an einem Marienwallfahrtsort aufwächst? Ordensleute gehörten in Kevelaer schon immer zum Stadtbild, sodass ich auch für mich diesen Lebensentwurf als vollkommen normal wahrnahm und deshalb auch im Bereich des Möglichen. Ich war schließlich selbst viele Jahre lang Ministrant und leitete auch Jugendgruppen.

Beate || Auch meine Familie war sehr religiös, sehr katholisch. Das gehörte zu unserem Leben einfach dazu. Allerdings ging es bei uns zu Hause nicht bigott zu. Mein Vater zum Beispiel verdrückte sich gemeinsam mit anderen Männern aus der Gemeinde gern während des Sonntagsgottesdienstes, wenn der Pfarrer mit der Predigt ansetzte, und ging stattdessen in die Gaststätte nebenan. Ich weiß gar nicht, wie ihm das unbemerkt möglich war. Oder hatte meine Mutter nur einfach ein Auge zugedrückt? Auf jeden Fall haben meine Geschwister Gisela, Michael und ich nach der Messe beim Mittagessen unseren Vater dann immer nach dem Inhalt der Predigt examiniert: „Sag mal, was hat der Pfarrer denn heute gepredigt? Weißt du das noch?" Dabei schmunzelten wir alle insgeheim, wenn er ins Stocken geriet. Meine Mutter war etwas frommer als mein Vater, aber auch sie übertrieb es nicht. Sie hatte in allem einen guten Blick für ein gesundes Maß.

Ulrich || Es ist schön, wenn man in einer heilen Welt aufwächst.

Beate || Ja, das stimmt. Naivität kann etwas Wunderschönes sein. Ich hatte so eine schöne Kindheit! Übrigens ..., so wie ich Maria zugezwinkert habe, hoffte ich auch, dass Gott mir einmal zuzwinkern würde, aus dem Himmel herab. Und eigentlich hat er es auch getan.

Ulrich || Und was war mit den Jungs? Haben die dir auch zugezwinkert?

Beate || Na ja, ich habe damals als Teenager in mein Tagebuch geschrieben, dass es doch blöd wäre, wenn ich jetzt mit Jungs anbandelte, wo ich doch sowieso weiß, dass ich später ins Kloster gehe. Meine Freundinnen haben die Jungs natürlich angehimmelt. Ich aber hielt mich zurück, denn ich hatte das Kloster ja immer im Hinterkopf. Gott hatte so viel Raum in meinem Leben eingenommen, dass für jemand anderen damals kaum Platz gewesen wäre. Aber dennoch hatte ich durchaus Interesse daran, wie das so ist mit dem anderen Geschlecht. Ich erinnere mich, dass ich mit den Kaplänen damals gerne über alle möglichen Themen diskutiert habe, sowohl über den Glauben als auch über persönliche Dinge. „Sind Zungenküsse eigentlich Sünde?", fragte ich einen Geistlichen einmal. Ich kann mich nicht mehr erinnern, was er mir geantwortet hat. Aber auf jeden Fall war mein sämtliches Erleben rückgebunden auf die Regeln der Kirche: Was darf ich? Was darf ich nicht? Was ist recht? Was nicht? Ist es gottgefällig? Erlaubt die Kirche dies oder das? Ich wollte bestmöglich vorbereitet, also mit einem möglichst reinen Herzen ins Kloster eintreten.

Mit 16 Jahren konkretisierte sich dieser Schritt dann. Meine Schwester und ich waren im Sommer 1960 mit unseren Rädern, damals veritablen Drahteseln, die sich beim Schieben bergauf wie eisenschwer anfühlten, von Köln aus am Rhein unterwegs. Unser Ziel war München. Bei unserem ersten Halt im Kloster Maria Laach bei Andernach wurden wir auf das Freundlichste von einem Benediktinerpater empfangen. Das war schon sehr beeindruckend. Doch als ich in die fast neunhundert Jahre alte Kirche trat, war es endgültig um mich geschehen: Dieser Jesus über dem Altar. Seine durchdringenden charismatischen Augen auf dem riesigen Mosaik. Der Geruch des Weihrauchs, der noch vom letzten Gottesdienst in der Luft hing, die Kerzen ... Wir waren pünktlich zur Vesper eingetroffen, bei der die Mönche in einer Art Prozession nach und nach im Chorgestühl ihren Platz finden. Das hatte so etwas Erhabenes, fanden meine Schwester und ich.

Es war besiegelt: Wir wollten beide aus ganzem Herzen an einem solchen heiligen Ort wohnen und wirken, so fasziniert waren wir von unseren Eindrücken. „Gibt es so etwas auch für Frauen?", fragte meine Schwester einen der Patres. „Ja, klar gibt es das! Ganz in der Nähe, in Eibingen, mitten in den Weinbergen, gibt es ein Benediktinerinnenkloster, das Kloster der heiligen Hildegard. An dem kommt ihr auf eurer Fahrt direkt vorbei." Davon hatten wir schon gehört. Als wir uns verabschiedeten, richtete einer der Patres einen Gruß an die Pförtnerin aus. Mir war nicht klar, dass wir tatsächlich den Abstecher dorthin machen sollten. Aber meine Schwester war neugierig geworden.

*

Da uns schon zu Anfang unserer Radtour ein Geldbeutel gestohlen worden war, besaßen wir nur noch die Hälfte unseres

Geldes und konnten nicht auf großem Fuß leben. Doch meine Schwester machte aus unserer Not eine Tugend, auch für sich: Sie begründete ein Abweichen von unserer Route damit, dass wir in Eibingen im Kloster sicher eine warme Mahlzeit umsonst bekämen. Man kenne ja die Gastfreundschaft und Nächstenliebe der Klosterfrauen, auf die in der Benediktusregel eigens hingewiesen wird. Auch war ich müde und hungrig. „Schau, da oben ist es ja schon!", lockte mich Gisela. Der Brüllhunger im Magen trieb uns damals mächtig an. Und tatsächlich: Kaum hatten wir an die Tür des Klosters geklopft, führte uns die Pförtnerin schon in einen kleinen Raum im Empfangsbereich und kredenzte uns Kuchen und etwas zu trinken. Sie musste uns angesehen haben, wie erschöpft wir waren. Wir griffen beherzt und gierig zu. Nachdem wir den Gruß des ihr bekannten Paters aus Maria Laach ausgerichtet hatten, bot uns die Pförtnerin sogar noch ein Zimmer für die Nacht an. „Das ist ja wunderbar!", jauchzten wir.

Uns gefiel die Fröhlichkeit der anderen Schwestern, die wir dort kennenlernten. Die Schwestern aus anderen Ordensgemeinschaften, die ich bislang kennengelernt hatte, als ich mit meiner Pfadfindergruppe in einem Krankenhaus in Köln ab und zu geholfen habe, waren meist ziemlich muffelig gewesen. Hier in Eibingen war das ganz anders. Vor dem Einschlafen erzählten Gisela und ich uns gegenseitig, wie wir uns unser zukünftiges Leben im Kloster vorstellten.

Beeindruckend fand ich aber auch den herrlichen Blick, den man von hoch oben vom Kloster aus über den Rhein hatte. Schon in diesen wenigen Stunden hatte ich das Hildegard-Kloster ins Herz geschlossen.

Nach unserer Radtour kam ich noch ein paar Mal nach Eibingen zurück, einmal auch mit meiner Pfadfindergruppe. Ich fühlte mich vor allem der wunderbaren Äbtissin und der Novizenmeisterin sehr verbunden. Das bekräftigte meinen Entschluss, in ein Kloster einzutreten, und zwar in dieses. Vorerst blieb das allerdings ein Geheimnis zwischen Gisela, meinem Tagebuch und mir.

*

Als der Tag kam und ich mit 18 Jahren zu Hause verkündete „Ich gehe ins Kloster!", wollte mir keiner glauben. Mein Onkel spottete sogar: „Wenn Du ins Kloster gehst, werde ich Schornsteinfeger."

Gisela hatte sich zwischenzeitlich umentschieden und hatte ein Studium der Theologie in Bonn begonnen. Ihr war klar geworden, ihre Berufung war eine andere. Dabei war sie sich lange Zeit so sicher gewesen ... Als meine Eltern ihr nicht erlauben wollten, ins Kloster zu gehen, hatte ich sogar als jugendliche Fürsprecherin einen Brief an den damaligen Papst Johannes XXIII. geschrieben. Eltern hatten damals bis zum 21. Lebensjahr, der damaligen Volljährigkeit, bei solchen wichtigen Entscheidungen ein Vetorecht. Der Papst solle doch ein Machtwort für Gisela sprechen. Sie wünschte sich den Eintritt doch so sehr. Sie sollte von oberster Instanz Rückenwind bekommen, damit – nicht ganz uneigennützig – meine Eltern auch nichts mehr gegen meinen Entschluss sagen konnten. Ich war mir sicher: Der Papst würde einen Neuzugang in einem katholischen Kloster natürlich nur begrüßen. Die Antwort, vermutlich von einem Sekretär verfasst, aber unterschrieben vom Papst, ließ nicht lange auf sich warten. Doch ich wurde schön enttäuscht. Denn meinen Eltern wurde recht gegeben mit der fadenscheinigen Begründung, Jesus sei ja auch erst als Erwachsener mit seiner Berufung an die Öffentlichkeit gegangen. „Hä?", dachte ich mir. „Was sollte das denn?" Vor lauter Wut und Enttäuschung zerriss ich den Brief wenige Tage später.

Nachdem es Gisela verwehrt blieb, ins Kloster zu gehen, wollte sie sich wohl etwas von mir distanzieren. Wir waren bis dahin fast wie Zwillingsschwestern gewesen. „Wenn du jetzt tatsächlich ins Kloster gehst, fühle ich mich nicht mehr dazu berufen", sagte sie. Das war mir damals unverständlich. Es verletzte mich auch. Ich konnte gar nicht richtig damit umgehen. Heute weiß ich, sie musste ihren eigenen Weg gehen, ohne mich am Rockzipfel. Ich war ihr wohl zu nahe. Sie brauchte ihren Freiraum.

Als es dann um mich ging, war es meinem Vater ziemlich egal, ob ich ins Kloster eintreten würde oder nicht. Wahrscheinlich wollte er nicht schon wieder mit einer seiner Töchter deswegen herumstreiten. Er lebte aber auch da schon zunehmend in seiner eigenen Welt. Aber meine Mutter hielt mich vehement zurück. Gleiches Argument wie bei Gisela: Ich sei nicht reif genug für so eine weitreichende Entscheidung.

Ja, ich war jung, aber ich wusste genau, was ich wollte.

„Du musst erst einmal eine Ausbildung machen. Dann kannst du immer noch schauen, ob du ins Kloster gehst. Lerne erst einmal etwas Ordentliches!", befahl meine Mutter. Ich ließ aber nicht locker. Das tue ich nie, wenn ich mir etwas in den Kopf gesetzt habe. Ich schwärmte und schwärmte und schwärmte: Ach, wie schön das Klosterleben sein müsse, wie sehr ich mich danach sehnte. Das ging meiner Mutter mit der Zeit so sehr auf die Nerven, dass sie tatsächlich irgendwann nachgab. Allerdings nahm sie an: „An Weihnachten bist du sowieso wieder zu Hause!" Sie dachte wirklich, ich würde kleinlaut und etwas geknickt nach wenigen Monaten aufgeben und wieder zu ihr zurückkehren …

Nach ihrem Ja zögerte ich keine Minute. Ich ging zum Telefon, rief die Äbtissin der Benediktinerinnenabtei St. Hildegard an und bat um meine Aufnahme in den Konvent. Ihre Stimme klang sehr erfreut: „Jetzt kommen Sie als Kind in unser Haus! Das ist schön!" Mit der nächsten Post erhielt ich eine Liste der Dinge, die ich in mein Leben im Kloster mitnehmen sollte: Zahnbürste, Handtücher, Unterwäsche. Meine Mutter, nähte mir sogar extra noch zwei Wollkleider. In einem geflochtenen Korb schickte ich diese wenigen Habseligkeiten ins Kloster voraus.

Ulrich || Ist das etwa der Korb, der oben bei uns auf dem Speicher steht?

Beate || Ja, genau. Ich habe ihn in guter Erinnerung an diese aufregende Vorfreude damals aufgehoben. Hast du eigentlich auch damals wie ich eine solche Liste bekommen mit Dingen, die du mitbringen solltest?

Ulrich || Ja, allerdings sah die eher vor, was ich *nicht* mitbringen durfte, zum Beispiel keine elektronischen Geräte wie ein Radio. Aber das hatte ich sowieso nicht vor. Ich hatte nur wenige persönliche Dinge gepackt. Ein paar Wochen zuvor hatte ich mir jedoch noch eine Bibel, die „Bilder des Heils", in der Übersetzung von

Martin Buber und mit Tuschezeichnungen des Künstlers Gerhard Bücker gekauft. Sie war mir ein wirklicher Schatz und liegt heute wohl noch im Kloster meiner ehemaligen Mitbrüder in Hausen. Dafür bin ich heute mit deinen „Bildern des Heils" umgeben.

Beate || Ja, meine Bilder waren schon so manches Mal ein dienliches Mittel zum Zweck. So konnte ich auch damals die Aussteuer für das Kloster durch ein Honorar, das ich für die Illustration eines Buchs, das mein Vater über die Entwicklung des Menschen geschrieben hatte, selbstständig beiseitelegen. Ich trat also unabhängig und selbstverantwortlich ins Kloster ein.

Ich war sehr gespannt auf das Leben in Eibingen und freute mich auf die Struktur, die mich dort erwartete. Ich sehnte mich nach der Bindung, in der ich mich gleichzeitig frei fühlen würde. Ich hoffte, von einer Familie in die nächste zu rutschen. Die ehrwürdige Äbtissin sollte meine neue Mutter werden und die anderen Nonnen eben wirklich meine Schwestern. Deshalb fiel mir auch der Abschied von zu Hause so leicht. Nur als ich meine Mutter weinend am Fenster stehen sah, als ich das Haus verließ, um zu meiner Abschiedsfeier in unserer Kirche zu gehen, wurde mir das Herz kurze Zeit doch schwer …

Mein Abschied aus Köln wurde regelrecht zelebriert: Etwa 40 Pfadfinderinnen des Stamms, den ich mitgegründet hatte, waren versammelt, um mich nach einer Andacht zum Bahnhof zu geleiten. Nach diesem prozessionsähnlichen Spaziergang umarmte mich eine nach der anderen und wünschte mir Glück. Nur meine Geschwister Michael und Gisela fuhren mit mir im Zug nach Bingen am Rhein – in der ersten Klasse wohlgemerkt. Das war schon immer mein Traum: die schönen Kissen, die edle Ausstattung …

Ihn leistete ich mir ebenfalls von meinem Ersparten. Nach einer Stunde waren wir angekommen.

In einem Restaurant nahmen wir anschließend noch ein vorzügliches Mahl ein. „Das letzte Abendmahl", witzelte mein Bruder. Mit dem Taxi ging es weiter hoch zum Kloster. Die Äbtissin, die Novizenmeisterin und weitere Schwestern standen wie im Spalier vor der Klausurtür und erwarteten mich bereits. Wie ein Kind, das von seiner Mutter bei seiner Rückkehr auf das Herzlichste begrüßt wird, so breitete die Äbtissin die Arme aus, als sie mich sah, und drückte mich: „Jetzt sind Sie bei uns. Jetzt beginnt Ihr klösterliches Leben."

*

Ich trat 1963 in den Orden ein, mit den besten Vorsätzen, eine gute Nonne zu werden. Auf einem Foto von mir als Postulantin, also aus dem ersten Jahr im Kloster, sieht man, wie angestrengt ich in der ersten Zeit war. Ich wollte möglichst perfekt sein. So wie ich schon früh die perfekte Katholikin sein wollte, hatte ich nun den hohen Anspruch an mich, auch als Ordensfrau minutiös den Regeln zu folgen. Ich nahm mir andere Schwestern zum Vorbild, denen ich nacheiferte: Cellatrix, Kantorin und Vorsängerin, war nicht nur mein Idol, sondern auch meine Ansprechpartnerin, wenn ich Zuspruch brauchte. Sie war sehr lieb. Aber auch unsere Krankenschwester bewunderte ich für ihre Selbstlosigkeit. Unsere Äbtissin verehrte ich besonders. Und ganz klar: Die heilige Hildegard war mein Idol – wegen ihrer Naturverbundenheit, ihres Kräuterwissens, ihres musikalischen Verständnisses und ihrer emanzipierten Haltung. Was für eine Frau! Da hatte ich mir die Latte ziemlich hoch gesteckt.

Ulrich || Das muss ja schrecklich anstrengend gewesen sein ...

Beate || Allerdings! Ich war ständig unsicher, ob ich alles richtig machte, habe mich selbst auf Schritt und Tritt beobachtet und auch viel kritisiert. Ich hinterfragte mich unablässig, ob ich wohl einer Klosterfrau würdig sei. Das hat mich so gestresst, dass ich viel abnahm, sodass man mir beim regelmäßigen Wiegen der Klosterfrauen nahelegte, mehr zu essen. Man fragte mich sogar, ob etwas nicht stimme. „Nein, alles in Ordnung!", beruhigte ich die Schwester. Auch hier wollte ich nicht negativ auffallen.

Ulrich || Aber du hast mir auch davon erzählt, dass ihr viel Spaß untereinander hattet.

Beate || Natürlich haben wir in den Zeiten, in denen wir uns unterhalten durften, viel Nonsens gemacht. Wir waren schließlich fröhliche junge Frauen. Man stelle sich nur allein vor: Wir waren zwölf Postulantinnen! Jedes Kloster würde sich heute über so eine Zahl an Neueintritten mehr als glücklich schätzen.

Auch die verspielte Pfadfinderin steckte noch in mir, was manches Mal sehr lustig wurde. Im Kloster galt beispielsweise: Die jüngere Schwester grüßt die ältere im Vorbeigehen mit „Benedicite". Die Ältere antwortet dann: „Deus!" („Segne dich ... Gott!"). Daraus machten wir uns im Geheimen einen Spaß und verstellten unsere Stimmen im Vorbeigehen. Aber nach kurzer Zeit wurde uns diese Weise des Grüßens zu einem wichtigen Ritual, das wir dann doch sehr ernst nahmen.

Ulrich || Hast du im Kloster weiter regelmäßig gezeichnet und gemalt?

Beate || Ja, im Kloster wurde ich als Künstlerin stets gefördert. Man wusste um mein Talent und ich sollte dem Kloster ja auch nützlich sein. Das wollte ich auch – mich mit meinen speziellen Talenten in die Gemeinschaft einbringen. Also durfte ich nicht nur malen, ich sollte es sogar. Aber natürlich nur religiöse Motive. Neben Bildern habe ich auch unzählige Kerzen bemalt und gestaltet. Das hat mich nicht gestört. Ich fühlte mich dadurch in meiner künstlerischen Freiheit nicht eingeschränkt. Ich malte sowieso am liebsten Maria mit dem Jesuskindchen. Außerdem war mir das vielleicht sogar ganz recht, mich nur in einem gewissen Rahmen bewegen zu dürfen. Mir fehlte ja, so wie vielen anderen Künstlern, eine Schutzmauer um die Seele. Oft fühlte ich mich meinen starken, unkontrollierbaren Gefühlen einfach ausgeliefert. Diese Ohnmacht fand im Kloster Schutz. Man könnte auch sagen, ich hatte Furcht vor meiner eigenen Freiheit und genoss das Begrenztsein, das ich dort erfuhr. Es gab mir auch Halt. Später hatte ich sogar ein eigenes Atelier, nahe der Wäscherei. So konnte ich in Ruhe arbeiten. Und dort ist auch meine Kunstfigur „Beatus" entstanden – ein Kind zweier Welten.

Allerdings gab es trotz einiger Vorzüge manches, worüber ich mich geärgert habe. Und das war kein einfaches Thema für mich. Zum Beispiel bekam ich mit, wie meine Bilder von der Äbtissin verkauft wurden, und zwar meiner Einschätzung nach weit unter

Wert. Das hat mich schrecklich geärgert, denn ich hatte das eindeutige Gefühl: Das stimmt so nicht.

Ulrich || Aus eigener Erfahrung weiß ich: Du durftest nicht widersprechen, du warst schließlich noch Novizin, also in der Erprobungszeit deiner Berufung. Auch ich konnte in meinem Noviziat nur begrenzt eigene Entscheidungen treffen. Alles sollte ja auf die Gelübde vorbereiten und uns helfen, in die Spiritualität und die noch so fremde Lebensform als Ordensfrau und Ordensmann hineinzufinden.

Beate || Dazu gehörte für mich, dass ich ein Jahr lang nicht malen durfte. Schließlich sollte ich auch alle möglichen anderen Tätigkeiten im Kloster kennenlernen und nicht „abheben". Also war ich bei den Kühen, bei den Schweinen im Stall, im Garten und in der Wäscherei. Es klingt komisch, aber das war eigentlich das schönste Jahr für mich im Kloster. Denn da musste ich meine Kunst nicht unter Beweis stellen. Ich musste nichts vorweisen, nicht „produzieren". Sonst erwartete man doch von mir ständig neue sakrale Werke.

Als das Noviziat begann, fühlte ich mich bereits im Klosterablauf und auch in mir selbst bedeutend sicherer. Zwar war das frühe Aufstehen morgens um fünf Uhr immer noch sehr gewöhnungsbedürftig für mich und alles andere als schön, weil ich jeden Morgen noch müde war. Aber ich fand es sehr angenehm zu wissen, wann was am Tag an der Reihe war. Ich konnte mich endlich etwas entspannen und mich dem Tagesrhythmus überlassen.

Nun wurde ich auch endlich eingekleidet. Mein lang gehegter Wunsch, als Nonne wahrgenommen zu werden und im langen weiß-schwarzen Habit der Benediktinerinnen herumlaufen zu dürfen, ging endlich in Erfüllung. Auch hieß ich nicht länger Beate, obwohl meine Mutter die Äbtissin in einem Brief darum gebeten hatte, mir diesen Namen zu lassen, weil sie ihn so schön fand. Darauf ließ sich die Mutter Oberin aber nicht ein. Es war üblich, zu Beginn des Noviziats mit dem „neuen Leben", das man begann, auch einen neuen Namen zu erhalten. Mir gab sie den Namen: *Felicitas. Schwester Felicitas.* Ich fand, dass der Name sehr gut zu mir passte. Beate – Felicitas. Zwei Namen mit gleicher Bedeutung: die Glückliche. Und genau das war ich. Selbst zwei Jahre danach, als ich die erste Profess ablegte. Man konnte mich lautstark singen hören und überglücklich jubelnd durch die Gänge des Klosters laufen sehen. Nein, ich war nicht nach wenigen Monaten eingeknickt, wie meine Mutter es vermutet hatte. Ich fühlte mich vielmehr mit meiner Entscheidung im Reinen.

Ulrich || Noch ...

Beate || Eine ziemliche Zeit lang, noch. Denn ich war ja insgesamt zehn Jahre lang Nonne.

Ulrich || Aber irgendwann hat sich für dich das Blatt gewendet.

Beate || Es fing an mit der Freiheit ... Denn natürlich war nicht alles nur rosig. Ich hatte wiederkehrend Zeiten, in denen ich mich überfordert gefühlt habe, vor allem, was das Erfüllen von künstlerischen Aufträgen anging. Ich hatte das Gefühl, dass sehr hohe Ansprüche an mich gestellt wurden. Als die Äbtissin von meinen Zusammenbrüchen hörte, schickte sie mich in das befreundete

Benediktinerinnenkloster Maria-Rickenbach im Schweizer Kanton Nidwalden zur Kur. In den Bergen sollte ich mich erholen und zu Kräften kommen.

Mehr noch: Ich sollte und durfte nach meiner Rekonvaleszenz an der Werkkunstschule Luzern auf Empfehlung sogar Kunst studieren. Wohnen durfte ich während dieser Zeit bei einem Dominikanerinnenorden in Luzern. Bei Besuchen im Kloster Engelberg entwickelte sich auch ein guter Kontakt zu den dort ansässigen Benediktinermönchen. Sie richteten mir später im Kloster sogar eine „eigene Klausur" ein, wo ich mich aufhalten durfte – wie zu Hause in Eibingen ebenfalls neben der Wäscherei. Die Wertschätzung durch meine Ordensbrüder tat mir richtig gut: Ich fühlte mich in der Schweiz einfach pudelwohl. Das lag auch daran, dass ich im Abt des Klosters Engelberg einen geistlichen Begleiter und väterlichen Freund gefunden hatte.

Es bleibt ja gar nicht aus, vor allem als junger vitaler Mensch, dass man Sehnsucht nach einer Paarbeziehung hat. So auch ich. Da war die Sehnsucht nach einem Mann, nach einem Gegenüber. Aber ich habe solche Gefühle bis dato immer mit dem Malen kompensieren können. Oder ich habe sie aufgeschrieben. Oder einfach ausgehalten. Und immer wieder mit Gott deshalb gerungen. Aber an meiner Entscheidung, im Kloster zu leben, hatte das nie gerüttelt.

Ulrich || Oh, diese inneren Kämpfe kenne ich nur zu gut. Auch ich musste, schon bevor ich dich kannte, mit solchen Gefühlen fertig werden. Das macht sicher jeder Ordensmensch durch. Das ist ganz menschlich.

Beate ‖ Letztlich kam meine Sehnsucht nach Partnerschaft, nach einem Menschen, der meine Gefühle erwidert, nicht wirklich zur Ruhe. Und gerade, als ich mich – inspiriert von meinem Kunststudium und der Freiheit – künstlerisch und menschlich entfalten wollte, spürte ich, dass es immer enger um mich herum wurde. Die Zeit in Engelberg und Luzern lief langsam ab. Bald würde ich zurück nach Eibingen müssen. Da kamen mir zum ersten Mal Zweifel an meinem klösterlichen Versprechen. Das war erschütternd. Ich war mir doch immer so sicher gewesen ...

Als ich dann tatsächlich gehen musste und mich von Abt Leonhard verabschiedete, sagte er: „Sei nicht traurig! Wir werden uns schreiben und in Kontakt bleiben." Dies bedeutete mir sehr viel und die so mögliche Verbundenheit war mir ein Trost. Der Kontakt sollte sich auch durch die vielen zukünftigen Besuche und die weitere Zusammenarbeit mit den Künstlern realisieren.

Zurück in Eibingen fiel mir das Essen schwer, ich war antriebslos. Die Trennung von dem, was ich in der Schweiz so sehr liebgewonnen hatte, kostetet mich viel Kraft. Mir schien es, als müsste ich mich jetzt wieder in einen Kokon zwingen. Die Freiheit, die ich in der Schweiz so genossen hatte, war dahin. „Jetzt kommst du da nie wieder hin ...", dachte ich ständig. Ich war verzweifelt. In meiner Traurigkeit vertraute ich mich einer Mitschwester an. Ich hatte so sehr das Bedürfnis, mit jemandem über meine Gefühle zu reden. Sie nahm zwar Anteil an meinem seelischen Empfinden, jedoch konnte sie mich in meiner Situation nur schwer verstehen. So teilte ich meine inneren Spannungen und mein Ringen um meine Berufung in Briefen auch Außenstehenden mit.

Auch an Abt Leonhard richtete ich etliche Briefe, die nicht unentdeckt blieben. Denn die Briefe der Nonnen wurden damals noch ausnahmslos zensiert.

Es war nur noch eine Frage der Zeit, bis mich die Äbtissin zur Verantwortung ziehen würde. Ich wusste, ich würde sie enttäuschen. Ich hoffte zwar auf ein persönliches Gespräch mit ihr, bei dem ich alles erklären konnte, gleichzeitig hatte ich auch Angst vor der Konfrontation mit ihr. Ich fühlte mich so elendig und hilflos.

Erschwerend kam hinzu: Kurz nach meiner Rückkehr hatte mir eine Mitschwester anvertraut, dass die Äbtissin erwog, mich als neue Novizenmeisterin einzusetzen. Das hätte bedeutet, dass ich viel weniger Zeit mit der Kunst hätte verbringen können. Meine Freiheit wurde immer weniger, die Schlinge zog sich noch enger zu.

Eines Morgens wachte ich dann auf und wusste: Ich muss gehen. Austreten. Eine neue Lebensphase beginnen. Befreiungsschlag! Die Zeit war gekommen und ich war bereit. So konnte ich nicht weiterleben …

Da ich Entscheidungen immer sehr schnell und spontan treffe, verließ ich nur einen Tag später das Kloster. Ohne mir eine Hintertür offenzulassen. Ich wusste ja, man kann nicht alles haben.

Eine Mitschwester, der ich mich anvertraut hatte, bot mir ihre Hilfe an. Sie wusste auch, dass ich auf keinen Fall zu meinen eigenen Eltern nach Köln gehen wollte. Sie sagte, ich könne vorübergehend bei ihrer Familie in Bad Godesberg unterkommen. Ihre Eltern hätten zwar sieben Kinder, aber eine große Villa mit viel Platz. Ihr Vater habe sich schon bereit erklärt, mich aufzunehmen. Was für ein Engel! Jetzt brauchte ich nur noch Kleider. Denn im Habit wollte und konnte ich das Kloster nicht verlassen. Er musste beim Austritt abgegeben werden. In meiner Not erinnerte ich mich an eine gute Bekannte, die auf der anderen Seite des Rheins lebte und dort als Krankenschwester arbeitete. Sie rief ich etwas panisch an. Meine Stimme überschlug sich: „Kannst du mir Kleider in Größe 36 besorgen und mich gleich morgen abholen? Bitte!" Hilfsbereit, wie sie war, willigte sie sofort in den Plan ein. Ich fühlte mich etwas wie Katharina von Bora, die bei Nacht und Nebel aus dem Kloster floh. Das hatte sogar fast etwas Romantisches.

*

Am nächsten Morgen stand meine Bekannte wie vereinbart mit ihrem grauen VW Käfer vor der Klosterpforte und wartete schon auf mich. Sie gab mir eine alte Jeans und einen Pulli. Ich zog mich schnell um, legte meinen Habit ordentlich zusammen und schloss die Tür hinter mir. Nur mit einer kleinen Tasche in der Hand verließ ich den Ort, an dem ich zehn Jahre lang zu Hause gewesen war. Meine Sachen wurden mir später nachgeschickt. Aber das waren ja nicht viele.

Meine Mitschwester wollte mich unterstützen und begleitete mich zu ihrer Familie. Zu dritt fuhren wir an einem trüben, nebeligen Herbsttag davon. Der Weitblick vom Kloster hinunter ins Tal, den ich so liebte, blieb mir an diesem Tag verwehrt. Der Himmel weinte mit. Die Stimmung war bedrückend. Keiner sprach.

Um uns alle etwas aufzuheitern, stellte meine „Fluchthelferin" das Radio an: *„Du siehst deinen Stern. Er ist hell und klar. Und du weißt, dass dein Leben neu beginnt."* Noch heute kommen mir die Tränen, wenn ich an dieses Lied denke.

Ich hatte das Kloster ohne Abschied verlassen. Das entspricht eigentlich nicht meinem Stil. Aber ich war so enttäuscht. Ich hatte großes Unverständnis und wenig Bereitschaft zu einem klärenden Gespräch gespürt. Die konkreten Anlässe, Konflikte möchte ich nicht näher benennen, aber drei Tage des Schweigens erleben zu müssen, das war einfach zu viel für mich. Ich konnte nicht anders, als zu gehen. Das fiel mir zwar ganz und gar nicht leicht, aber ich verband mit meinem Schritt auch eine Hoffnung.

Ulrich || Könnte es nicht sein, dass du anders gar nicht hättest gehen können? Dass dir die Flucht ganz recht kam? Dass du so einen Schnitt machen musstest, damit du dich überhaupt lösen konntest?

Beate || Das mag sein. Alles hat seine Zeit und seinen Ort. Für mich war das Kloster für lange Zeit der richtige Ort. Aber ich spürte, nun passe ich dort nicht mehr hin. Ich haderte zwar mit mir, dass ich meine Mitschwestern und vor allem die Äbtissin enttäuscht hatte. Das tat mir leid. Jedoch hatte ich kein schlechtes Gewissen, denn Gott war es, der mich ins Kloster hinein- und auch wieder hinausgeführt hat. Für mich war mein Schritt ins zivile Leben kein Bruch, sondern eine Entwicklung.

Ulrich || Aus eigener Erfahrung weiß ich, dass man sich etwas verloren vorkommt, wenn auf einmal der klösterlich strukturierte Lebensrhythmus abhandenkommt …

Beate || Es brauchte tatsächlich einige Zeit, bis ich mich in meine neue Lebenssituation einfand. Aber manches fühlte sich sofort wie selbstverständlich an. Im Kloster hatten wir beispielsweise keinen Spiegel. Nun war er auf einmal da. Ich muss zugeben, dass ich ein bisschen eitel bin. Nun ja, ein bisschen viel ... Meine Gastgeberin hatte mich mit Lippenstift und Rouge versorgt. Also gefiel es mir von Anfang an, dass ich mich davor schminken und schön machen konnte. So wie es andere junge Frauen auch taten.

Selbst meine neuen Kleider waren für mich gewöhnungsbedürftig: Mein Gastgeber hatte mich einmal eingeladen, gemeinsam mit ihm seine Tochter, meine ehemalige Mitschwester und Freundin, in der Abtei Eibingen zu besuchen. Am Bahnhof mussten wir eine Treppe zum Gleis hinuntergehen. Als Nonne hatte ich wie alle anderen auch, die Gewohnheit, meinen Habit zu schürzen, wenn ich Stufen nahm. Also griff ich in alter Manier unwillkürlich nach meinem Gewand. Doch hoppla – ich hatte ja einen Minirock an! Nichts zu schürzen! Da mussten wir beide herzlich lachen.

Der Vater meiner ehemaligen Mitschwester, bei dem ich jetzt wohnte, ein Chefarzt, hatte mich gleich am Tag nach meiner Ankunft in seinem Haus zu einer Einkaufstour eingeladen. „Du brauchst dringend neue Kleider", meinte er. Und er sah auch, wie betrübt und unsicher ich war. Er wollte mich sicher auch aufmuntern.

So stand ich am ersten Abend in meinem nun anderen Leben vor einem Spiegel und sah mich von oben bis unten an. Ja, ich gefiel mir gut – in meinem neuen orangefarbenen Minikleid. Es hängt noch heute in meinem Schrank.

„An der Hand eines Kindes erhält jeder Schritt seine eigene Bedeutung."

Illustration Beate Heinen, Text Ulrich Heinen, Rhein-Zeitung, 2020

Liebe Enkel,

ich denke an die ungezählten Schritte meines Lebens. An meine ersten Schritte. Ganz gewiss habe ich diese an der Hand meiner Mutter, meines Vaters machen dürfen. Erst nach und nach habe ich mich lösen können, stand auf eigenen Beinen. Die Erfahrung eigener erster Schritte bedeuten für ein Kind Freiheit. Gleichzeitig tragen sie in sich die Gefahr hinzufallen.

Welch ein Geschenk ist es, so darf ich dies auf ganz besondere Weise bei euch erleben. Kleine Menschenwesen an der Hand in diese für sie „neue Welt" zu begleiten, ist ein großes Geschenk. Ja, so habe ich es einmal formuliert: „An der Hand eines Kindes erhält jeder Schritt seine eigene Bedeutung". Diese Metapher steht jedoch auch für den Lebensweg eurer Oma Beate und eures Opa Uli. Unser „Kind" ist die Liebe, die uns nun bereits so viele Jahre verbindet, fordert, beschenkt und wachsen lässt. An der Hand des anderen durch und ins Leben gehen. Wie oft erlebe ich dies gerade auch, wenn eines von euch meine Hand bei Spaziergängen oder Wanderungen ergreift. Wisst ihr, das ist ein starkes und zugleich zärtliches Gefühl von Angenommen-Sein. Ich bin im wahrsten Sinne des Wortes von euch ergriffen. Und dann führt mich dieser Gedanke, dieses Gefühl weiter und tiefer hinein in die Zusage Gottes: Ich habe Deinen Namen in meine Hand geschrieben.

Du bist mein und kannst nicht tiefer fallen als in meine Hand, so hat es mein Vater uns Kindern immer wieder und immer wieder gesagt. Und so ist diese Erfahrung, an der Hand genommen zu werden, nicht nur hoffnungsvolle Geste, sondern ist Lebensermutigung und zutiefst Geschenk des Vertrauens. Ihr kennt das: Immer wieder reichen wir uns die Hände zur Begrüßung als Zeichen des Friedens und der Verbundenheit, der Vergebung und des Neuanfangs. Und so erlebe ich es immer wieder neu und ganz intensiv, wenn ihr eine eurer kleinen Hände in meine legt. Und so werden solche Momente und Zeiten zu Meditation und tiefer Innerlichkeit. Ich bin im wahrsten Sinne des Wortes zutiefst ergriffen.

Brief von Opa Uli, 2022

Opa statt Oberer

Ulrich || Als ich 22 Jahre alt war, hatte ich seit zwei Jahren eine feste Freundin und eine abgeschlossene Berufsausbildung als Glasmaler. Ich hätte ein solides Leben in Kevelaer führen können, so wie meine Geschwister, hätte heiraten und Kinder kriegen können, mit Haus, Garten und Auto, mit Urlaub hier und da. Aber ich habe mich gegen all das entschieden. Und bin in ein Kloster eingetreten.

Ich habe das nie bereut.

Meine liebe Freundin war damals sehr verständnisvoll, als ich ihr nach einem Polterabend von Freunden auf dem Heimweg, unsere Fahrräder schiebend, vorbei an der Hubertus-Kapelle durch die niederrheinischen Felder zurück Richtung Kevelaer eröffnete, dass ich unsere Beziehung beenden wolle. Ja, müsse. Denn ich hatte mich entschieden: Ich würde in den Franziskanerorden in Hausen eintreten. Nun war es endlich draußen. Schon seit Wochen trug ich es mit mir herum. Ich war erleichtert, aber auch traurig. Auch meine Freundin war betrübt. Aber sie bedrängte mich nicht. Sie kannte mich und wusste, dass ich nicht leichtfertig war: „Wenn das deine Entscheidung ist, muss ich das respektieren." Es war so ein herrlicher milder Sommerabend und wir hätten diesen Spaziergang mit einem romantischen Kuss beenden können. Aber es blieb bei einer innigen, aber freundschaftlichen Umarmung vor der Haustür meines Elternhauses.

Beate || Das war damals bestimmt nicht einfach für dich, in einer verbindlichen Beziehung zu stehen und dich mit dieser inneren Unruhe und der Frage auseinanderzusetzen, ob das Leben im Kloster für dich Zukunft und Berufung ist. Wie kam es denn dazu trotz Beziehung?

Ulrich || Ich wurde zum Klosterleben von einem Canisianerbruder aus Münster inspiriert, der in unserer Kirchengemeinde eine Zeit lang in der Jugendarbeit während eines Praktikums aushalf. Was er von seinem Leben in seiner Gemeinschaft erzählte, übte eine starke Anziehungskraft auf mich aus. Er lebte nicht nur abgeschlossen hinter Klostermauern und betete. Nein, er war mitten unter den Menschen, stand mitten im Leben und setzte sich für sie ein.

So wollte ich auch leben, das spürte ich immer stärker. Nach meiner Ausbildung hatte ich nämlich den Zivildienst in einer Werkstatt für Menschen mit Behinderung, im Haus Freudenberg in Kleve, angetreten und gemerkt, wie sehr mir diese Arbeit liegt. Damals hatte ich viel Zeit, mir darüber Gedanken zu machen, wie es mit meinem Leben weitergehen könnte. Es war wie eine Art Auszeit, in der ich keinem Druck von außen ausgesetzt war, mich privat oder beruflich zu etablieren. Denn ich war mir schon sicher, dass ich auf keinen Fall mein ganzes Leben in einer Glasmalerwerkstatt verbringen wollte, immer nur auf mich selbst und das Handwerk konzentriert. Ich brauchte Menschen um mich herum und lebendige Interaktion. Die Sehnsucht, auch mein Leben ganz in einen karitativen Dienst zu stellen, reifte immer mehr. Doch in welcher Form? Die Frage „Ob wohl das Klosterleben etwas für mich wäre?" trat immer stärker in den Vordergrund …

Ich liebte es ja, Menschen nahe, mit ihnen zusammen zu sein. Ich kannte es gar nicht anders, ich hatte nie allein gelebt, ich konnte mir das nicht einmal für mich vorstellen. Also lag die Auseinandersetzung in der Luft: entweder Ehe und Familie oder Gemeinschaft.

Beate ‖ Dann standest du also wie auf einem Prüfstein, in der Mitte eines Flusses.

Ulrich ‖ Das Bild ist sicher treffend. Das Klösterliche hatte mich schon lange fasziniert. Ich beschäftigte mich also von da an intensiver mit dieser Option und nahm mir vor, verschiedene Gemeinschaften anzuschauen, um einmal auf Tuchfühlung zu gehen.

Zuerst fuhr ich tatsächlich in das Mutterhaus der Canisianer in Münster. Ihr soziales Engagement in der Welt beeindruckte mich, aber so ganz passte es noch nicht. Ich hielt weiterhin die Augen offen. Und sah eines Tages in der Zeitschrift „Weltbild" eine Anzeige der Franziskanerbrüder vom Heiligen Kreuz in Hausen bei Waldbreitbach. Damals inserierten die Klöster noch, um potenzielle Mitbrüder und -schwestern für den Eintritt anzuwerben. „Ach, das klingt ja ganz gut", dachte ich. Ohne zu wissen, was das genau für eine Gemeinschaft ist, stieg ich spontan in den Zug und fuhr nach Hausen.

Beate ‖ … über Köln, wie ich damals.

Ulrich || Ja, das war 1977. Du bist 1973 aus dem Kloster ausgetreten. Wir haben uns auf dem Weg an den Rhein also nur knapp verpasst *(lacht)*.

Kaum war ich im Kloster in Hausen angekommen, fielen mir die wunderschönen Glasfenster mit dem heiligen Franziskus und dem Sonnengesang in der Kirche auf. Ich hatte also sofort einen persönlichen Anknüpfungspunkt und fühlte mich heimisch. Später erfuhr ich, dass Bruder Notker nicht nur diese Fenster, sondern auch in unserem Kloster und in der Abtei in Maria Laach viele Fenster gestaltet hatte, was rückblickend den roten Faden in meinem Leben noch deutlicher zeigt. Außerdem boten die Brüder in Hausen mit ihrer angegliederten Wohn- und Pflegeeinrichtung genau das, was ich suchte: einen Arbeitsplatz und Wirkungskreis bei Menschen, die Hilfe brauchen. Hier schien alles vereint auf mich zu warten, was mir wichtig war: Spiritualität, Kreativität, Kunst und karitatives Engagement.

Ich hatte also einen Plan.
Aber dann passierte das Unfassbare.

Mein Bruder Ludger und ich waren nach Taizé gereist, um dort bei den Brüdern einige Wochen zu verbringen, zu beten, zu meditieren, zu singen und um neue Leute kennenzulernen. Außerdem wollte ich mich dort selbst noch einmal prüfen: War das Leben im Kloster wirklich der richtige Weg für mich? Konnte ich mir vorstellen, ein Leben lang in einem Habit herumzulaufen? Machte es mir wirklich nichts aus, auf eine eigene Familie zu verzichten? All diese Fragen wollte ich nach der Zeit in Taizé eindeutig mit

Ja beantworten können. Dann wäre ich bereit für den nächsten Schritt.

Mein Bruder, eine Bekannte aus Kevelaer und ich freuten uns aber auch einfach auf inspirierende Wochen unter gleichgesinnten jungen Christen und waren bester Stimmung. Eigentlich wollten wir auch unseren Bruder Georg mitnehmen, aber er fühlte sich nicht gut, war unmotiviert. Stattdessen kam eine gute Freundin mit.

Nach der zweitätigen Anreise nahmen wir müde, aber glücklich am Abendessen teil und wollten uns gerade unter die anderen Jugendlichen mischen, als ein Taizé-Bruder eine Durchsage machte und unsere Namen aufrief. Wir sollten uns unverzüglich an der Rezeption melden. Wir schreckten auf. Dort wurde uns mitgeteilt, dass unser Vater gerade angerufen hätte: Wir müssten sofort nach Hause kommen. Einen Grund hatte er wohl nicht angegeben. Ohne zu zögern, packten wir unsere Sachen wieder ein und machten uns am nächsten Morgen enttäuscht, dass wir verfrüht abreisen mussten, aber voller Sorge auf den Heimweg. Was war nur geschehen?

Die ganze Fahrt über überlegten wir, was uns erwarten würde. War unserer Mutter etwas zugestoßen? Oder war unser Vater schwer krank? Er war schließlich nicht mehr der Jüngste.

Wir hatten am Abend zuvor, unserem einzigen Abend in Taizé, das große Glück und die Ehre, während der Andacht den charismatischen Gründer der Gemeinschaft, Frère Roger, kennenzulernen und waren sofort von ihm begeistert. Er hatte davon gehört, dass wir wieder abreisen mussten. Das tat ihm leid. Er legte uns die Hände auf, segnete uns und wünschte uns eine gute Heimreise. Diese Begegnung gab uns Kraft für die anstrengende Fahrt. Da ich noch keinen Führerschein hatte, musste Ludger die ganze Zeit fahren. Wir beteten unzählige Rosenkränze, um uns gegenseitig wach zu halten. Die Fahrt schien nicht enden zu wollen.

*

Zu Hause angekommen traf es uns schlimmer, als wir es je erwarten hätten können. Schweigend wurden wir begrüßt und in die Arme genommen: Unser geliebter Bruder Georg hatte sich das Leben genommen.

Georg hatte unter einer Psychose gelitten, die durch seinen langjährigen Drogenkonsum ausgelöst worden war. Sein Zustand war schon lange Zeit eine Belastung für uns alle gewesen, vor allem für mich, der mit ihm ein Zimmer teilte. Die Todesnachricht ließ erst einmal all meine Pläne in den Hintergrund treten. Unsere ganze Familie versank in einer tiefen Trauer, die uns alle lähmte.

Etwa sechs Wochen nach dem Tod meines Bruders klingelte es dann eines Tages an der Haustür. Unrasiert öffnete ich. Ich war überrascht zu sehen, dass ein Hausener Franziskanerbruder davorstand. Ich hatte dem Orden vor der Beerdigung noch geschrieben, dass ich im Entscheidungsprozess sei und mich wieder melden würde, wenn ich Klarheit hätte. Doch nun stand also einer von ihnen vor mir und wollte wissen, wie weit ich mit meiner Entscheidung gekommen sei. Er sei gerade in der Gegend gewesen und wollte wissen, ob ich denn schon alle nötigen Unterlagen für den Eintritt beisammenhätte, meinte er. „Nun, ja, schon, eigentlich … ich weiß auch nicht so recht …", stammelte ich vor mich hin, noch ganz in meiner Trauerstimmung gefangen. Ich konnte gar nicht klar denken. „Kommen Sie doch erst einmal herein", bat ich ihn. Doch der Bruder blieb pragmatisch: „Wenn du schon alles beisammenhast, kannst du mir die Bewerbung ja gleich mitgeben." Er schien es eilig zu haben.

Nach diesem kurzen freundlichen Gespräch ging er wieder – mit meiner Bewerbung in der Tasche. Später erzählte mir dieser Bruder, dass er nach etwa 500 Metern noch einmal angehalten hatte, um nachzusehen, ob ich ihm tatsächlich – so spontan – meine Unterlagen zur Aufnahme ins Kloster mitgegeben hatte.

Als meine Eltern von meiner Entscheidung hörten, ins Kloster einzutreten, brach meine Mutter fast zusammen: „Jetzt muss ich noch einen Sohn abgeben." Sie hatte das Gefühl, sie würde ein weiteres Kind für immer „verlieren". So ging es auch meinen Geschwistern. Auch mein Vater zeigte zuerst nur verhaltene Freude: „Ja, ich kann das durchaus nachvollziehen." Das konnte er allerdings. Schließlich war er selbst in jungen Jahren Ordensmann gewesen. Ein lange gehütetes Familiengeheimnis …

*

Obwohl ich einige gute Gründe für einen Klostereintritt hatte, frage ich mich heute, ob ich nicht tief in mir auch die Absicht hatte, das Leben meines Vaters weiterzuführen, das er ursprünglich leben wollte. Mein Vater hatte in Freiburg im Breisgau Theologie studiert und war bei den Herz-Jesu-Priestern eingetreten.

Sein Wunsch war es, später in die Mission zu gehen. Doch dann kam der Zweite Weltkrieg, er wurde eingezogen und musste das Seminar verlassen. Nach dem Krieg konnte er an das Theologiestudium nicht mehr anknüpfen. Er wurde stattdessen Lehrer. Erst mit 37 Jahren lernte er meine Mutter kennen – bei der Hochzeit ihrer Schwester mit seinem Bruder –, mit der er acht Kinder bekam.

Dass mein Vater eigentlich Priester werden wollte und bereits Ordensmann gewesen war, erfuhr ich erst im Alter von 15 Jahren. Es war mir natürlich als Kind nicht entgangen, dass er in seinem Arbeitszimmer in einem Schrank verschlossen etwas hütete, was von besonderer Bedeutung für ihn war. Irgendwann war er bereit, mit seiner Familie das zu teilen, was ihm so heilig war: Fotoalben und Tagebücher aus seiner Jugend und aus dem Krieg. Endlich vermochte er seinen Gefühlen etwas mehr freien Lauf zu lassen. Oft kam er sogar ins Schwärmen, wenn er von seiner Zeit in Freiburg erzählte und uns Fotos zeigte.

Mein Vater hat mich nie dazu gedrängt, ebenfalls in ein Kloster einzutreten. Aber ich bin sicher, dass seine Begeisterung dafür doch in mir wirkte. Und welcher Sohn will nicht seinem Vater gefallen, von ihm Lob bekommen? Mit Sport hatte ich ihn nie beeindrucken können, obwohl ich im Fußballverein immer einer der Besten war. Wenn er mal zu einem Spiel mitkam, sah man ihm an, dass er damit eigentlich nichts anfangen konnte. Aber für mich war es wichtig, dass er wenigstens gekommen war.

*

Kurze Zeit nach dem Blitzbesuch des „Hausener Gesandten" erhielt ich meinen Eintrittstermin: Im November 1977 durfte ich im Hausener Kloster einziehen. Als der Tag meines Eintritts kam, fuhren mich meine Eltern gemeinsam nach Hausen. Stell dir vor, Beate: So wie du mit einem VW Käfer aus dem Kloster abgeholt wurdest, wurde ich mit einem orangefarbenen Käfer ins Kloster gebracht.

Beate || Unsere „Käfer-Erfahrungen" ...

Ulrich || Meine Eltern durften eine Nacht im Kloster verbringen. Als sie sich am nächsten Morgen verabschiedeten, sah ich, wie meine Mutter die Tränen unterdrückte. Als mein Vater mich segnete, wurde auch mir etwas mulmig zumute. Ich wusste ja, dass ich sie nun mindestens ein Jahr lang nicht sehen würde, denn solange das Noviziat dauerte, waren weder Urlaub noch Besuch erlaubt.

Kaum hatte ich den Abschiedsschmerz von meinen Eltern hinuntergeschluckt, startete ich sogleich voller Enthusiasmus ins Klosterleben. Noch am ersten Abend setzte ich mich mit meiner Gitarre und meinen Bongos, die ich mitgebracht hatte, in die Kirche und machte Musik. Ich wollte meiner Vorfreude auf alles, was kommen würde, laut Ausdruck verleihen. Doch kaum hatte ich begonnen, eilte der Novizenmeister zu mir: „Ähem, das ist hier nicht so üblich ..." Ich war von dieser unerwarteten Unterbrechung meines Lobpreises enttäuscht und konnte nicht verstehen, warum man Gott zu Ehren hier nicht trommeln durfte.

Ich musste mich schnell daran gewöhnen, dass im Kloster ein scharfes Reglement herrschte, strenger als ich es erwartet hatte. „Bitte nur eine Stufe nach der anderen nehmen, auf keinen Fall zwei auf einmal!", ermahnte uns unser Novizenmeister regelmäßig. „Wir tun das nicht!"

Auch die ersten Nächte waren schwierig – allein in meiner Zelle. Ich fühlte mich einsam, mir fehlten das Vertraute und das Gewusel aus meinem Elternhaus. Zwei Wochen lang suchte ich sogar wieder und wieder mein Zimmer, weil der Klosterkomplex so riesig ist. Ich brauchte also Zeit, meine Sicherheit zu gewinnen. Aber ich bin wie du, Beate: Ich bin kämpferisch und gebe nicht auf. Ich nahm mir vor, mich durchzuboxen und mich hier neu zu verwurzeln. Auch wollte ich mir natürlich keine Blöße geben – weder meinem Umfeld gegenüber noch mir selbst.

Weihnachten nahte. Ich freute mich darauf, dieses wunderbare Fest im Kloster zu erleben. Sicher würde ich mich hier besonders festlich fühlen und die Freude über Christi Geburt würde in der Gemeinschaft sicher besonders deutlich zu spüren sein. Doch, ach, wie enttäuschend war das: Herzlichkeit, Wärme, Seligkeit, überbordende Freude – weit gefehlt! Nach der Liturgie in der Kirche stießen wir Männer später mit einem Glas Rotwein an. Das war's. Mir fehlte nicht nur die Geborgenheit, sondern auch die emotionale Stimmung, die ich von zu Hause kannte, so sehr, dass ich später in meiner Zelle die Weihnachtsgrüße meiner Geschwister und Eltern noch einmal durchlas und mich in Gedanken nach Kevelaer zu ihnen wünschte. Wie würden sie jetzt wohl Weihnachten feiern? Weihnachtliche Rituale – Zeichen der größten

Hoffnung für uns Menschen – können doch nicht so gefühllos abgehandelt werden. Oder etwa doch?

Beate || Aber hat dir denn gar nichts gefallen?

Ulrich || Doch, natürlich! Mir gefiel die Arbeit mit den behinderten Menschen sehr, weil ich damit an etwas Vertrautes aus dem Zivildienst anknüpfen konnte. Sinnvolle soziale Arbeit erfüllt mich mit großer Zufriedenheit. Auch das Gefühl, von den älteren Mitbrüdern als Hoffnungssignal für die Zukunft wahrgenommen zu werden, war etwas sehr Schönes. Auch das machte Sinn.

Beate || Ich erinnere mich, wie sehr ich mich im ersten Jahr im Kloster nach meiner Familie gesehnt habe …

Ulrich || Ich hatte zwar die ersten Wochen im Kloster Heimweh, vor allem nach meinen Geschwistern, aber ohne meine Eltern zu sein, daran gewöhnte ich mich ziemlich schnell. Ich war bei meinem Klostereintritt auch schon ein paar Jahre älter als du. Da ist das vielleicht einfacher. Aber tatsächlich dauerte es kein ganzes Jahr, bis ich meine Eltern wiedersah. Denn ich wurde wider Erwarten schon nach fünf Monaten eingekleidet.

Beate || Ah, du hast dich also gut angestellt (*lacht*) …

Ulrich || Ja (*lacht auch*). Die Gemeinschaft hatte sich dazu entschieden, mich schon vor Ablauf des Postulats einzukleiden. Zu diesem Anlass durfte meine Familie anreisen. Wie stolz ich war mit meinem braunen Habit, dem Zingulum um die Hüften, …

Beate || ... das dann zur ersten Profess drei Knoten haben würde als Zeichen deiner Gelübde: Gehorsam, Keuschheit, Armut ...

Ulrich || Als mich am Ende des Gottesdienstes meine Mitbrüder umarmten und mich beglückwünschten, raunte mir einer von ihnen ins Ohr: „Du wirst bestimmt einmal Generaloberer!" Ich muss sagen, dass mich damals schon eine Art Ehrgeiz packte, ihm genau das zu beweisen. Um ehrlich zu sein, war die Auswahl der infrage kommenden und dafür geeigneten Brüder auch nicht groß.
Und da sah ich auch meinem Vater an, wie stolz er auf mich war.

Beate || Apropos Keuschheit ... Was ist eigentlich aus deiner Freundin geworden?

Ulrich || Kurz nach meiner Einkleidung schrieb sie mir einen Brief, sie hätte geheiratet und sei schwanger.

Beate || Kamst du dann ins Zweifeln, ob du das Richtige gewählt hast?

Ulrich || Natürlich führte mir diese Nachricht noch einmal vor Augen, dass es einen anderen Weg gegeben hätte. Ich wusste ja, dass ich mich gegen etwas entscheiden müsste, wenn ich ins Kloster eintrete. Mir waren die Konsequenzen klar gewesen ... Und dennoch: Ganz ehrlich? Als ich den Brief las, habe ich mich natürlich gefragt, ob ich mich richtig entschieden habe. Ich war sogar eine Zeit lang traurig und dachte, eine Chance verpasst zu haben.

Verschiedenste Gedanken gingen mir durch den Kopf. Fragestellungen im Konjunktiv … Was hätte nicht alles sein können? Meine Ex-Freundin war beispielsweise immer sehr sanft und zurückhaltend gewesen. Was, wenn sie in unserer Beziehung forscher gewesen wäre und mich festgenagelt hätte? Wer weiß, ob ich dann nicht eingelenkt hätte, bevor ich überhaupt auf die Idee mit dem Kloster gekommen wäre.

Beate || Ja, vielleicht hättest du anders entschieden. Wer weiß das schon?

Ulrich || Ich glaube, für eine Partnerschaft und Ehe fehlte mir damals die Reife. Und in dieser Hinsicht war ich auch unsicher. Sie war nicht die Richtige. Und ich nicht der Richtige für sie. Ich bin aber bis heute mit ihrer ganzen Familie – sie ist immer noch glücklich verheiratet und hat heute drei Kinder und vier Enkel – freundschaftlich verbunden. Doch kurz nach ihrem Brief musste ich mich schon erst einmal wieder selbst beruhigen und auf Spur bringen. Außerdem waren die Tage damals schon sehr dicht besetzt mit all meinen Aufgaben, die meine ganze Kraft und Aufmerksamkeit auf sich zogen. All das Neue lenkte mich ab. Mit anderen Worten: Ich hatte gar nicht viel Zeit zum Grübeln. Die zwei Noviziatsjahre waren eine intensive Zeit. Gemeinsam mit fast 30 anderen Novizen und Novizinnen hatte ich ein straffes Programm zu absolvieren: Mehrere Wochen pro Jahr mussten wir Seminare besuchen, wo wir alles über das Ordensleben, die Bedeutung von geistlicher Gemeinschaft und über die Psalmen lernten. Wir Novizen waren miteinander kontinuierlich im Austausch. Eine Zeit, die ich nicht missen möchte …

Und es wurde schnell immer mehr: Ich lernte ständig neue Leute kennen, natürlich auch viele Frauen, die wie ich in unseren sozialen Einrichtungen arbeiteten. Schnell kam ich auch in Leitungspositionen innerhalb unseres Ordens. Die Dynamik meines Alltags zog mich mit, durch die Tage und Wochen, aber auch durch die Jahre.

In meiner 41-jährigen Ordensmitgliedschaft war ich fünf Jahre lang Novizenmeister, zwölf Jahre Oberer der Mutterhaus-Kommunität – und damit Leiter einer Wohn- und Pflegeeinrichtung für über 300 Menschen –, neun Jahre Vorsitzender der Interfranziskanischen Arbeitsgemeinschaft (Infag) sowie 18 Jahre lang Generaloberer ...

Beate || Du hattest viel zu tun ...

Mir ging es da komplett anders. Ich wollte nicht so viel Verantwortung im Orden übernehmen, um mich mehr der Kontemplation und der Kunst widmen zu können.

Ulrich || Ich wollte mich weiterentwickeln, sowohl persönlich wie beruflich. Das war mir sehr wichtig. Und ich wollte den Platz finden, an den ich hingehöre.

Beate || Das mit der Platzsuche, hat uns beide wiederkehrend beschäftigt. Wo gehöre ich im Leben hin. Ich glaube, eine Antwort darauf lässt sich nicht ein für alle Mal finden. Sie muss immer wieder neu gesucht und gefunden werden. Und jetzt gehörst du zu mir.

Ulrich || Das mit dem Suchen und Finden denke ich auch. Damals war mein Platz im Kloster. Doch einen Platz einzunehmen, war nicht immer einfach. Ich hatte große Erwartungen, als ich eintrat, und musste feststellen, dass viele davon nicht eintrafen. Ich hatte mir eine Gemeinschaft erhofft, in der mehr Offenheit herrscht. Doch wie oft habe ich es erlebt, dass Menschen – auch Mitbrüder – verurteilt und ausgegrenzt wurden. Das ist das Gegenteil von christlich, dachte ich mir. In einer Ordensgemeinschaft leben für gewöhnlich mehrere Generationen zusammen, die unterschiedlich geprägt wurden in ihren Werten, die einen konservativ, die anderen liberaler. Da kann zum Beispiel der Fall eines „vom Glauben abgefallenen Priesters, der geheiratet hat" schon unterschiedlich hohe Wogen schlagen.

Unsere Gemeinschaft, wie die meisten anderen Orden auch, war auch stark von einer Hierarchie geprägt und ist es sicher immer noch. Wir Brüder kamen durch unsere Dienste in Machtpositionen, die Gleichheit ausschlossen. Wir nannten uns laut unserer Regel Brüder, aber waren wir das wirklich? Nicht immer. Ich habe leider viele Rivalitäten erlebt und hätte es mir so sehr anders gewünscht. Immer wieder keimten Konflikte zwischen uns Brüdern auf, die die Atmosphäre zu Zeiten belastet haben. Als Oberer, der Verantwortung für seine Mitbrüder trägt, habe ich versucht, dem franziskanischen Ideal zu folgen und von Neuem Brücken zu bauen. Aber ich muss zugeben, dass es mir leider nicht immer gelungen ist.

Trotz aller Schwierigkeiten, die auftreten, wenn Menschen zusammenleben, war ich sehr gern der „Bruder Ulrich" und auch der Generaloberer, der die Ordensgemeinschaft deutlich mitprägen durfte. Mein „Beruf", der ja meine Berufung war, hat mich sehr ausgefüllt und erfüllt. Er war schließlich sehr vielfältig, vom Seelsorgegespräch mit einem Bruder über die Leitung großer sozialer Einrichtungen bis hin zur Betreuung eines 30-Millionen-Bauprojekts. Selbst eine Ausbildung zum Heilpädagogen durfte ich machen.

Auch meine vielen Reisen ins Ausland in dieser Funktion, vor allem zu unseren Brüdern in den USA und die vielen Besuche bei Ordensgemeinschaften in Indien und in der Ukraine, waren außergewöhnliche Erfahrungen, die ich nicht missen möchte.

Beate || Und gleichzeitig hat doch immer etwas gefehlt ... So wie mir auch damals als Nonne.

Ulrich || Ja. Mir haben nie materielle Dinge gefehlt. Aber wenn ich heute zurückschaue, ist mir klar, dass mir eigentlich die ganze Zeit das Gefühl gefehlt hat, für einen anderen Menschen einzigartig zu sein. Anerkennung bekam ich als Bruder Ulrich in meiner Funktion und meiner Rolle genug. Ich spürte, dass die Menschen, mit denen ich zu tun hatte, mich schätzten. Aber geliebt zu werden, weil ich ich war. Das hatte ich nur von meiner Beziehung mit meiner Freundin aus Kevelaer in Erinnerung.

Heute weiß ich, was genau das Entscheidende war, diese diffuse Sehnsucht: einen anderen Menschen an der Seite oder im Arm zu haben, das Leben gemeinsam in den Blick zu nehmen; mit jemandem vertraut zu sein, bedingungslos angenommen zu sein. Mit einem Mitbruder konnte das gar nie so tief gehen. Die Beziehungen, die man im Kloster pflegt, sind bestenfalls freundschaftlich.

Es handelt sich in den meisten Fällen sogar „nur" um spirituell Gleichgesinnte. Von den damals fast 2000 Mitarbeiterinnen und Mitarbeitern in unseren Einrichtungen habe ich mich mit nur wenigen geduzt. Selbst die älteren Brüder haben sich untereinander gesiezt. Dieses Zeichen der Achtung voreinander, das war sein wesentlicher Grund, ist seit den 1980er-Jahren jedoch natürlich nicht mehr vorherrschend.

Beate || Für mich bist du Uli und nicht Bruder Ulrich.

Ulrich || Genau das meine ich damit.

Beate || Das Kloster ersetzt eben keine Familie. Das habe ich ja auch erlebt.

Ulrich || Als ich drei Jahre nach meinem Eintritt ins Kloster im Vincentstift in Aulhausen in der Nähe von Rüdesheim eine dreijährige Ausbildung zum Heilpädagogen machte und während der Zeit in einer eigenen Wohnung lebte, hatte ich mehr Freiraum als hinter den Klostermauern, auch mehr Freiheit im Kopf. Nachdem ich das so sehr genossen hatte, spielte ich vor dem Examen ganz konkret mit dem Gedanken, einfach zu bleiben, nicht ins Kloster zurückzugehen. Ich sah all die Kolleginnen um mich herum, wie sie immer abends zu ihren Familien nach Hause gingen. Das schürte die Sehnsucht nach einer Partnerschaft wieder in mir. Sollte ich bleiben oder gehen? Doch schon verführte das nächste spannende Projekt mich, zurück nach Hausen zu gehen: Ich sollte die bauliche und konzeptionelle Entwicklung und schließlich auch die Leitung für eine neue soziale Einrichtung der Franziskaner für über 80 Menschen übernehmen. Das reizte mich natürlich: so jung und schon so viel Verantwortung! Ja klar, wollte ich mich beweisen! Das war doch das Leben, für das ich mich entschieden hatte! So traten die Zweifel wieder in den Hintergrund und die Waagschale senkte sich zur anderen Seite: Bruder Ulrich war wieder angesagt. Und tatsächlich ging ich voll in meiner neuen Aufgabe auf.

Beate || Das kann ich gut verstehen.

Ulrich || Doch die Waagschale blieb nie auf einer Seite hängen. Sie kippte oft hin und her. Nach zwei Jahren als Leiter der Einrichtung entwickelte sich zwischen einer meiner Mitarbeiterinnen und mir eine Freundschaft. Sie hatte sich in mich verliebt. In mich, den Mann Ulrich. Das schmeichelte mir und tat mir gut. Was sie initiierte, fiel bei mir auf fruchtbaren Boden. Auch ich entwickelte Gefühle für sie, die so stark waren, dass ich mir erneut ernsthaft überlegte, das Kloster zu verlassen. Doch sie war verheiratet, also nicht frei. Das hinderte mich an diesem Schritt. Auch ihre Vehemenz, die nicht nur einmal in dramatischen Szenen endete, in die auch noch ihr Ehemann verwickelt war, ließ mich zur Vernunft kommen. Nein, ich wollte keinesfalls die Verantwortung für eine gescheiterte Ehe übernehmen. Außerdem hatte sie Kinder. Eine Familie zerstören? Sicher nicht! Beide in Tränen aufgelöst, gingen wir getrennte Wege. Wir hatten beide nicht den Mut, unsere Bindungen zu verlassen. Es war also auch nicht das Richtige und nicht an der Zeit. Doch ich spürte nun eine Zerrissenheit und dass meine Lebensentscheidungen nicht in Stein gemeißelt sind, sondern von Zeit zu Zeit neu hinterfragt werden.

Als diese Beziehung nach Jahren endete, war ich trotz allem Schmerz und aller Unsicherheit erleichtert. Ich liebte auch mein Leben im Kloster. Ich richtete also meinen Blick wieder intensiver auf das, was mich dort trug. Ich fiel schließlich nicht ins Leere. Aber ich wusste, dass dieses Ringen um meinen Weg wohl zu meinem Leben gehörte. Ich musste mit meinen Sehnsüchten und den nicht gelebten Möglichkeiten leben lernen.

Beate || Und dann kam ich in dein Leben.

Ulrich || Ja, dann kamst du! Und der innere Kampf loderte wieder auf. Doch bei dir gab es einen bedeutenden Unterschied: Du standest in keiner Bindung. Du warst frei. Das machte es schwieriger für mich. Oder leichter. Je nachdem, wie man es sehen will.

Beate || Ich habe dir ja gleich in meinem ersten Brief mitgeteilt, wie es um mich stand.

Ulrich || Ja, da bist du proaktiv auf mich zugegangen. Und auch ich hielt nicht hinter dem Berg, dass mit mir etwas geschehen war. Ich fühlte mich insofern freier mit dir, als dass es in deinem privaten Umfeld nichts gab, was ich hätte stören können. Deine Tochter habe ich ziemlich früh kennengelernt. Doch sie war bereits erwachsen und führte ihr eigenes Leben. Einziger Haken: Ich war in einer Bindung mit dem Kloster, mit Menschen, die mir vertrauten. Und schließlich war ich ja auch an Gott gebunden.

Beate || Du gingst bei mir aus und ein. Niemand schien sich darüber zu wundern.

Ulrich || Ja, das war seltsam. Ich wunderte mich allerdings über mich selbst. Wie konnte *ich* nur so leben? Ich war so zerrissen. Wie schizophren tauschte ich meine zwei Leben an Beates Tür aus. Im Haus war ich *Uli* und nur einen Schritt auf der anderen Seite, in der Öffentlichkeit, war ich wieder *Bruder Ulrich*. Und wenn Beate und ich gemeinsam unterwegs waren, verkörperte ich beide gleichzeitig.

Ich hatte ständig das Gefühl, jemanden zu betrügen, entweder meine Mitbrüder oder Beate. Oder gleich alle Menschen zusammen, die mich kannten und mir und meiner Integrität vertrauten.

Das war ein schreckliches Gefühl. So konnte es nicht weitergehen. Doch auch mit Beate zögerte ich eine Entscheidung heraus. Sie hatte eine Engelsgeduld mit mir. Aber wie lange würde sie das noch mitmachen?

Ein Traum war es, der mir den Weg wies: Auf einem Schrank stand eine Vase, die herunterfiel. Sie zerbrach und aus ihr heraus quollen unzählige bunte Tücher …

Mir wurde klar: Allein schaffte ich es einfach nicht. „Höre auf dein Innerstes! Bleib bei dir selbst! Tue nicht das, was andere von dir erwarten!"

Ein befreundeter Seelsorger, auch ein verheirateter ehemaliger katholischer Priester, ermutigte mich bei unseren regelmäßigen Gesprächen. Seine kritischen Fragen halfen mir enorm.

*

Als 2018 das Generalkapitel unseres Ordens den Oberen neu wählen musste, hatte ich mich ganz klar positioniert. Auch wenn vieles auf eine Wiederwahl in die Generalleitung hinwies: Eine vierte

Amtszeit auf weitere sechs Jahre hin würde ich nicht übernehmen. Ich war endlich gereift: Wenn ich zu Beate gehe, kann ich das nicht mitten in einer Amtszeit tun. Das würde eine Krise im Orden auslösen. Also stand das außer Frage. Wenige Tage darauf informierte ich die Generalleitung darüber, dass ich vorhatte, aus dem Orden auszutreten. Das brachte natürlich sofort Konsequenzen mit sich: Bei wichtigen Entscheidungen war ich nun außen vor. Besonders schmerzlich merkte ich das, als die Zukunft unserer Gemeinschaft in Indien besprochen wurde, für die ich in meinen Amtszeiten die Kontakte hergestellt hatte. Wie gerne wäre ich wieder dort hingeflogen und hätte mit der Organisation begonnen. Stattdessen baten mich meine Mitbrüder, den Raum zu verlassen. Ich durfte nicht mehr mitsprechen. Auch musste ich meinen Dienstwagen abgeben und natürlich innerhalb des Klosters umziehen. Mein Zimmer und mein Büro bekam nun mein Nachfolger.

Mir wurde mit aller Deutlichkeit bewusst, dass ich nun alle Statussymbole verloren hatte, dass ich jetzt nicht mehr so wichtig war und auch nicht mehr gebraucht wurde wie vorher. Das zu spüren, tat mir sehr weh. Es kränkte mich. Ich war ja über die vielen Jahre mit meinen Aufgaben verwachsen. Und obwohl ich mich innerlich auf diese gewaltige Veränderung vorbereitet hatte, brauchte es doch diese Zeit des Abschiednehmens.

Die Sachebene war also (schmerzlich) geklärt. Nun musste ich nur noch emotional so weit kommen. Stufe um Stufe … Ich war zu lange schon Bruder, als dass ich von einem Tag auf den anderen mit einem Koffer in der Hand das Kloster hätte verlassen können. Es brauchte einen sanften Übergang. Mit einem großen Knall zu gehen, entspräche auch nicht meinem Stil.

Beate || Meiner war es schon. Ich war tatsächlich von einem Tag auf den anderen weg.

Ulrich || Du bist da viel impulsiver als ich. Ich hingegen bin es gewohnt, nie etwas unbedacht zu tun. Ich schlug also einen Zwischenschritt vor: Ich könnte ja ein Jahr lang als Zwischenlösung außerhalb der Gemeinschaft wohnen, ohne ihr gleich ganz den Rücken zu kehren, zum Beispiel in einem eigenen Zimmer in Wassenach, wo auch Beate lebt. Doch dies wurde als Mogelpackung abgelehnt, was ich natürlich nachvollziehen konnte.

Die Alternative: Ich zog erst einmal in einen anderen Konvent unserer Gemeinschaft um, nicht weit weg, in das Kloster Ebernach in Cochem. Ich verabschiedete mich von meinen Brüdern in Hausen, aber nicht gleich von der ganzen Gemeinschaft. So fiel ich nicht ganz ins Leere. Ich merkte schon da, dass es mir viel schwerer fiel, den Orden zu verlassen als damals mein Elternhaus. Die Zugehörigkeit zu meiner Familie blieb ja immer bestehen und konnte sogar noch weiter wachsen, auch wenn ich von ihr räumlich getrennt war. Der Austritt aus meinem Orden allerdings, das wusste ich, würde radikale Konsequenzen nach sich ziehen: Trotz meiner emotionalen Bindung an meine Gemeinschaft würde ich eben nicht mehr dazugehören. Die gegenseitige Verpflichtung wäre in dem Moment aufgehoben, sobald meine Gelübde aufgelöst werden.

Beate || Du warst da immer noch nicht ganz bereit, zu mir zu ziehen. Ich kann dir sagen, das hat ganz schön an meinen Nerven gezerrt. Als du dann noch über zwei Monate lang in das „Haus der Stille" bei der franziskanischen Gemeinschaft in Heiligenkreuz am Waasen in der Steiermark gegangen bist, dachte ich mir: Der kommt ja nie!

Ulrich || Ich konnte die Schritte nur in meiner Geschwindigkeit tun. Und ich brauchte noch mehr Abstand, auch räumlich, von dir und dem Kloster. „Schau, was Gott für dich will. In aller Freiheit. Es gibt kein Richtig oder Falsch." – Im „Haus der Stille" habe ich dann die nötige emotionale Klarheit gefunden.

Beate || Endlich!

Ulrich || Zurück in Cochem stand der Tag meines endgültigen Auszugs fest. Am letzten Junitag 2019 kam Beate nach Cochem, um mich abzuholen. Schon zuvor hatten wir peu à peu meine Sachen zu ihr ins Haus gebracht. Eine offizielle Verabschiedung war von Seiten der Gemeinschaft nicht geplant. Ich hatte meine Mitbrüder in persönlichen Einzelgesprächen um Verständnis für meinen Schritt gebeten. Nur wenige konnten mich im Guten ziehen lassen, umarmten mich, dankten mir und verabschiedeten mich mit: „Wir bleiben Brüder!"
    Den meisten jedoch fiel es schwer, Verständnis für meine Entscheidung aufbringen zu können. Fühlten sie sich von mir etwa betrogen? Verlassen? Obwohl es mich enttäuscht hat, dass ich von unserer Ordensleitung mit wenig Empathie verabschiedet wurde, spürte ich den Schmerz des Austritts deutlich. Nicht nur für mich war es nicht einfach, nach so langer Zeit und tiefen Erfahrungen nun „getrennte Wege" zu gehen. Doch die Entscheidung war nun gereift, auch das spürte ich.

Einer meiner Mitbrüder, den ich vom ersten Tag meines Klosterlebens an kannte, rief mich später – da lebte ich schon mit Beate zusammen – von seinem Sterbebett auf der Intensivstation im Krankenhaus an. Ganz leise sagte er: „Ich konnte das zwar nicht verstehen, was du getan hast, aber ich danke dir für alles und wünsche dir alles Gute!" Sechs Stunden später war er tot.

*

Ein letztes Mal ging ich im Habit mit zwei meiner Mitbrüder und Beate, die dazu eingeladen war, im Kloster in Cochem in die Vesper. Dort versagte mir vor Rührung die Stimme. Der Kloß im Hals wollte sich auch während des Abendessens, das wir mit Beate teilten, nicht lösen.

Später auf meinem Zimmer zog ich schweigend meinen Habit aus, hing ihn sorgfältig über einen Bügel und strich ein letztes Mal über seine Ärmel, als wolle ich mich von ihm verabschieden. Daraufhin gab ich ihn Beate, die ihn außen an den Schrank hängte. Auch sie sagte kein Wort. Das Zingulum legte ich auf das Bett. Unter dem Habit trug ich bereits die zivile Kleidung. Es war wie in einem Traum von mir gewesen, den ich einmal hatte: Ich war in einer Kirche und wollte auf die Hochempore steigen. Doch ein Gitter hinderte mich daran. Erst als ich meinen Habit unten abgelegt hatte, ging das Tor plötzlich auf. Als ich wieder herunterkam, saßen Leute auf der Bank, wo ich den Habit abgelegt hatte, und darunter sah ich zivile Kleider.

Ich verließ an diesem Abend das Kloster und schloss hinter 41 Jahren meines Lebens die Tür.

Beate || Es war noch hell draußen, als wir losfuhren. Wir schwiegen. Ich wusste, dass Ulrich traurig war, und ich ließ ihn in Ruhe. Mir war es damals nicht anders gegangen. Man lässt doch viel hinter sich. So sehr ich mit ihm fühlte, andererseits war ich auch überglücklich. Jetzt war es endlich so weit: Jetzt sind wir wirklich zusammen. Ich jubelte innerlich.

Doch später zu Hause lagen wir uns weinend in den Armen. Die Gefühle waren einfach überwältigend. Die Anspannung fiel von uns ab, und wir waren beide über die Maßen erschöpft.

Ulrich || Himmelhochjauchzend und zu Tode betrübt – ich wusste gar nicht, dass man das beides gleichzeitig fühlen kann.

Beate || Als wir endlich an dem Abend zur Ruhe gekommen waren, wollte Uli unsere frühen Briefe noch einmal mit mir durchlesen. Ich glaube, er wollte sich seines Schrittes zu mir, seiner Liebe für mich noch einmal vergewissern. „Schau: Das war der Anfang und das ist der Weg, den wir bis hierher gegangen sind."

Ulrich || Zwar war ich in Beates Haus nicht fremd, denn ich kannte es ja schon seit Jahren. Aber in den ersten Wochen nach meinem Einzug „eignete" ich es mir immer mehr an, machte es mehr auch zu meinem Zuhause, indem ich sämtliche Arbeiten anging, die nötig waren. Es musste einiges saniert und angestrichen werden. Ich veränderte auch das eine oder andere, gab unserem Haus nun auch meine Handschrift.

Ich räumte meine wenigen Sachen, die ich mitgebracht hatte, ein, sortierte sie aus, überlegte, wovon ich mich noch trennen wollte. Im Tun, in der Aktion, kam ich Tag für Tag mehr an. So fiel ich auch in kein Loch.

Beate || Plötzlich war er tatsächlich da.

Ulrich || Aber in Gedanken war ich natürlich noch viel bei den Franziskanern. Nicht selten packten mich die Wehmut und Sehnsucht nach dem Altvertrauten. Die Gewohnheit ist eine starke Kraft. Immer wieder juckte es mich in den Fingern. Ich wollte wissen, was im Kloster los war, welche Projekte im Gang waren, wollte wieder irgendwo teilhaben, mitmachen. Ich war es gewohnt, in der Öffentlichkeit zu stehen und ständig irgendwo mitzumischen. Es war ein Glück, dass ich gebeten wurde, als Kunsttherapeut in der Tagesklinik zu arbeiten. Drei Monate berufliche Auszeit waren genug.

Jetzt konnte ich mich meinen neuen Aufgaben widmen.

Beate || Auch als Opa ...

Ulrich || Ja, in Beates Familie bin ich über die Jahre bereits langsam hineingewachsen. Es ist ein unfassbares Glück, wenn einer unserer drei Enkel heute auf mich zu rennt, mir um den Hals fällt und „Opa!" ruft. Es gibt nichts Schöneres! Wenn ich das – so von Herzen kommend – höre, weiß ich: Ich gehöre dazu. Mehr als ich je als Bruder oder Oberer dazugehört habe. Mehr als ich je irgendwo dazugehört hätte.

Gisela und Beate, 1946.

Beate und ihr Bruder Michael (8)
auf dem Balkon in Köln, 1954.

Beate bei den Sankt Georg-Pfadfindern Köln-Klettenberg
in der Gruppe „Blauer Sirius", 1959.

Beates erstes Passfoto – für die Bewerbung
an der Kunstwerkschule in Köln, 1963.

Beate ist als Malerin bekannt für ihren symbolischen Fotorealismus. Hier ihr Bruder Michael im Porträt, in Öl gemalt (1977) nach einem Foto. Beate ahnte da schon seinen krankheitsbedingt nahenden Tod. Michael starb 1992.

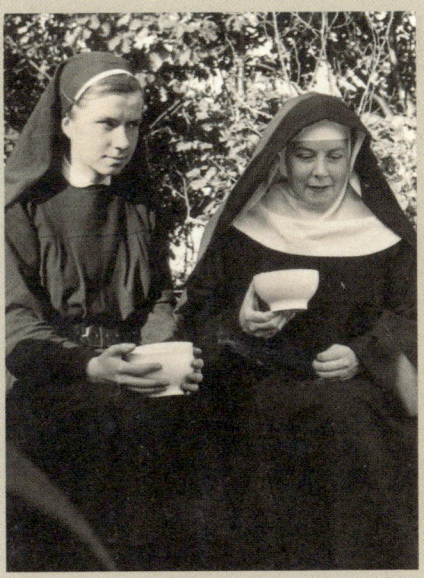

Eibingen: Postulantin Beate mit der Novizenmeisterin Sr. Edeltraud Förster, 1963.

Besuch im Kloster: Novizin Sr. Felicitas mit ihrem Bruder Georg (12) bei der Weinlese, 1965.

Außergewöhnliches Glück im strengen Klosterleben: Wiedersehen mit den Eltern, Elisabeth und Werner, während einer künstlerischen Auftragsarbeit in Köln, 1971.

Sr. Felicitas im Gespräch mit Abt Leonhard Boesch im Kloster Engelberg, 1972.

Zwei Gesichter einer Künstlerin: Als Novizin Sr. Felicitas in der Abtei St. Hildegard (1964) …

… und als freie Künstlerin (1985) vor ihrem neuen Zuhause in Wassenach.

Erstes Foto von Ulrich mit Mutter und seinem älteren Bruder Ludger, 1955.

Einst ihr Kindermädchen, später Novizin: Sr. Margaretha Boos mit Mutter Ursula und den Kindern (Ulrich 2. v. l.), 1965.

„Wir waren immer 6:2 – Jungs zu Mädchen", erinnert sich Ulrich (rechts oben, außen). Foto von Familie Schmitz in Kevelaer, 1971.

Außergewöhnliches Gesellenstück von Ulrich Schmitz: „Daniel in der Löwengrube" nach einer Buchmalerei, 1974.

Ausnahmebesuche zu Hause in Kevelaer: als Novize bei der Silbernen Hochzeit der Eltern, 1978, …

… und bei der Hochzeit von Bruder Thomas, 1981.

Besuch in Hausen: geselliger Abend mit der alten Messdienergruppe aus Kevelaer.

1996: Beschäftigt im Büro – als Superior, Oberer des Mutterhauses Hausen.

„Mahndenkmal der Menschenwürde" zum 60-jährigen Gedenken an die Rückkehr der Brüder nach dem Krieg ins Mutterhaus (1947) mit Besuch von Bischof Dr. Reinhard Marx.

Minister Norbert Blüm zu Besuch: Einweihung der neuen Wohn- und Pflegeeinrichtung St. Josefshaus, Hausen, 1997.

Herzensangelegenheit Indien: Als Generaloberer reiste Bruder Ulrich achtmal nach Indien, hier bei der dritten Reise am „Childrens Day" am 20. Sept. 2009 in der Nähe von Delhi.

Begegnung und Erlösung

Ich komme zu dir
Eigentlich komme ich zu dir zurück
Unsere Blicke begegnen sich
Strahlen, Bewegung, strahlende Bewegung
Bei uns beiden
Nicht nur äußerlich
Du willst deine und meine Welt erweitern
Die Welt, in der du lebst
Wer kann ich in deiner Welt sein?
Wer bist du in meiner Welt?
Zwei Welten begegnen sich
Versuchen miteinander zu leben
Ein wenig nur
Vielleicht ist es nur ein Zeichen
Hinweis auf ein Morgen der Liebe

Ulrich Heinen, 1986

Ulrich Heinen, „Begegnung", Linolschnitt, 1987

Beate Heinen, „Betender Mönch", Linolschnitt (mehrfarbig), 1970

„Führen Sie die jungen Menschen zu echter und wahrhaftiger Freude an Jesus Christus. Stärken Sie diese in der Hoffnung, dass Freundschaft mit ihm möglich ist, und denken Sie daran, dass der gütige Gott uns alle führt und begleitet. Selbst in schweren Stunden hält er uns in seiner Hand geborgen."

Dieses Wort, welches mir P. Druitmar Cremer in einem persönlichen Gespräch mitgegeben hat, begleitet mich schon länger. Ausgehend davon füge ich eine Frage an, die mir hilft, das Gesagte persönlich noch deutlicher zu machen:

Lebe ich und leben wir so zeichenhaft, dass andere spüren und erkennen, dass ...
... mein und auch unser Leben in Gemeinschaft etwas Gutes ist, darin etwas von Erlösung erfahrbar wird?

Kann man mir, uns das „Erlöst-Sein" anmerken? Hatte Nietzsche mit seinem oft zitierten Wort nur unrecht?

„Die Christen müssten mir erlöster aussehen. Bessere Lieder müssten sie mir singen, wenn ich an ihren Erlöser glauben sollte."

Vermögen wir Christen uns an unserem Erlöst-Sein zu freuen?

Wo Menschen in Lebensgemeinschaften zusammen sind, die sich auf das Evangelium berufen, müsste sich doch zeigen, dass sie nicht nur an Erlösung glauben, sondern sich gelöst und als Erlöste erfahren.

Tagebuch Ulrich Heinen, 1992

Kloster zu zweit

Beate || Ich bin so froh, dass du dich bei mir, bei uns so gut aufgehoben fühlst, Uli! Bei mir war der Übergang ins zivile Leben leider nicht so einfach. Aber ich war so jung, dass ich die Herausforderung ganz gut bewältigen konnte. Da fällt es einem leichter, sich umzuorientieren und sich auf Neues einzustellen.

Ulrich || Ich hatte ja drei Jahrzehnte Kloster mehr auf dem Buckel als du …

Beate || Obwohl ich nach meinem Austritt in der lieben Arztfamilie in Bad Godesberg aufgenommen wurde und sie sich wirklich sehr um mich bemühte, war ich nun doch in einer Selbstständigkeit gelandet, die ich so nicht kannte. Ich fühlte mich verunsichert und hatte auch Angst. Das war ganz merkwürdig. Im Kloster wusste ich genau, wann was zu tun war. Ich hatte eine klare Struktur und einen festgelegten Tagesablauf gehabt. Nun aber gab mir niemand mehr etwas vor. Mir fehlte in der ersten Zeit meine Gemeinschaft sehr, die vertrauten Menschen, die Gewohnheiten, …

Zehn Jahre nach einem Rhythmus zu leben, der dann auf einmal wegbricht, ist nicht nichts. In der Freiheit spürt man auch die

Wehmut. Ich war oft traurig und weinte. Um mich selbst etwas zu stabilisieren und an das Altbekannte anzuknüpfen, ging ich anfangs jeden Tag zur Messe in eine Kirche, die nur ein paar Schritte entfernt von meinem neuen Zuhause lag. Diese Sehnsucht nach meiner alten Heimat hat sich bis heute in meinem Herzen gehalten.

Wenn ich beispielsweise auf der Autobahn unterwegs bin und schon von Weitem die Türme der Abtei in Eibingen gut sehen kann, empfinde ich ein tiefes Gefühl. Ich singe dann jedes Mal das Lied: „Will meine Heimat wiedersehen, sie noch einmal schauen." Erst ein paar Kilometer weiter wird mir das Herz wieder leichter.

Draußen vor den Klostermauern musste ich mich nun fragen, wer ich eigentlich bin, wenn nicht mehr Schwester Felicitas. Die vertraute Rolle ließ sich nun nicht mehr von mir einnehmen. Ich musste mich in jeder Hinsicht neu erfinden. Im Kloster hatte man mich wegen meiner künstlerischen Fähigkeit geschätzt, man wollte mich dort weiter aufbauen. Doch nun war ich als Künstlerin erst einmal ohne Namen. Wie sollte ich also meine Existenz sichern?

Doch ich wollte weiter nach vorn und nicht zurückschauen. Nach etwa einem Jahr im Schutzraum der Arztfamilie spürte ich deutlich, dass es Zeit war zu gehen, mich auf meinen weiteren Weg zu machen. Ich verdiente zwar immer noch kein eigenes Geld und fühlte mich zunehmend unwohl, so abhängig zu sein. Auch in meiner Gastfamilie brodelte es. Anfangs wurde ich wie eine „verlorene Tochter aus dem Kloster" aufgenommen. Ich brauchte dringend Hilfe. Aber mir wurde zunehmend die Rolle einer weiteren Tochter zuteil, was den leiblichen Familienmitgliedern anfing zu missfallen. Häufig war ich beispielsweise mit dem Vater unterwegs und durfte mit ihm ins Theater gehen, wenn er dort während der Aufführungen, die ich mit anschauen durfte, seinem Bereitschaftsdienst als Arzt nachkam. Ich nahm immer mehr einen Platz ein, der doch anderen in der Familie gehörte. Ihre Eifersucht konnte ich gut verstehen. Doch wohin sollte ich gehen?

Ulrich || Hast du damals überlegt, zurück ins Kloster zu gehen?

Beate || Nein! Dazu wäre ich auch zu stolz gewesen. Das war keine Option. Mein Schritt hinaus war richtig gewesen. Kein Zurück! Einmal sah ich eine Stellenausschreibung als Kassiererin bei Aldi. Hätte ich mich besser mit Zahlen ausgekannt, hätte ich mich prompt beworben. Gleich nach meinem Austritt hatte ich den Führerschein gemacht, das machte mich mobil und erweiterte meinen Radius.

Eine Freundin machte mich dann auf die Gemeinschaft deutscher und österreichischer Künstler, „GEDOK", aufmerksam. Sie ist das älteste und europaweit größte Künstler-Netzwerk. Dort in Bonn fand ich künstlerisch Anschluss. Ich zog endlich aus und begann wieder künstlerisch zu arbeiten. Jetzt lebte ich allein, musste mein Leben ohne die Unterstützung und Hilfe von anderen meistern, Geld verdienen. Aber ich fühlte mich nicht einsam, weil ich durch die Verbindungen in Bonn viele neue Bekanntschaften machte. Doch jedes Mal, wenn mich meine Sehnsucht nach dem Kloster wieder packte, fuhr ich kurzerhand in die Schweiz, ins Kloster Engelberg, wo ich immer noch, selbst jetzt ohne Habit, willkommen war. Selbst die Verbindung zu meinem verehrten Abt Leonhard war nie abgerissen. Außerdem pflegte ich weiterhin die Kontakte zu den „Künstlermönchen", die ich dort kennengelernt hatte, und arbeitete an verschiedenen Projekten mit ihnen zusammen.

Ulrich || Bei mir ist der Austritt ja noch nicht so lange her. Ich war noch einige Zeit nach meinem Umzug innerlich mit den Tagesabläufen im Kloster verbunden. Sich umzugewöhnen brauchte seine Zeit. Obwohl im Haus von Beate angekommen, bin ich noch lange Zeit gedanklich in den langen Gängen des Hausener Klosters entlanggelaufen und fühlte mich mit meinen ehemaligen Mitbrüdern im Gespräch. Mir fehlten bestimmte Bilder aus dem Kloster, die mich dort seinerzeit täglich begleitet haben. „Der Bruder Ulrich lebt noch in mir", dachte ich oft. Auch ich war häufig wehmütig. Insofern kenne auch ich den Schmerz, der auf eine so lebenseinschneidende Entscheidung folgt. Auch mir kamen oft die Tränen darüber. Aber ich hatte ja in meinem neuen Leben vom ersten Moment an Beate, die mir beim Übergang in eben dieses neue Leben half. Ohne sie hätte ich diesen Schritt ja gar nicht gemacht. Ich habe den einen Ort verlassen und bin an einem anderen angekommen. Mehr noch, es war ein Wechsel von einer Lebensform in eine andere. Das Risiko war nicht so groß. Ich fühlte mich relativ sicher. Ich wusste ja genau, worauf ich mich einlasse und was mich erwarten würde.

Beate || Wohin ich gehen sollte, das wusste ich damals nicht. Ich bin quasi ins Leere gesprungen.

Ulrich || Für mich ging es nicht von einer Bindung in die Freiheit, sondern von einer Bindung in eine andere, von einer Gemeinschaft in eine Partnerschaft. Das entspricht auch meinem Naturell, meiner Persönlichkeit. Denn ich binde mich gern. Ich bin alles andere als ein Einzelgänger. Ich wäre nie aus dem Kloster ausgetreten ohne die Perspektive auf das Leben in einer neuen Beziehung. In einer Bindung muss ich zwar ein Stück Freiheit aufgeben, aber dafür muss ich auch nicht den Alltag allein meistern. Mit anderen zusammenzuleben ist die Lebensform, die mir am meisten entspricht. Für mich gilt der biblische Satz aus Genesis: „Es ist nicht gut, dass der Mensch alleine ist."

Beate || Wie schön, dass wir jetzt zusammen sind – in der Liebes-Lebensgemeinschaft!

Ulrich || Und als diese Gemeinschaft führen wir auch im Alltag gemeinsam Rituale weiter, die wir aus dem Kloster kennen.

Beate || So ganz abgeschlossen haben wir beide halt nicht mit unserem Klosterleben ... Es ist uns weiterhin sehr wichtig. Die Klostererfahrung ist doch ein Teil von uns. Vor allem bei Uli schwingt das noch sehr mit.

Ulrich || Sich umzustellen war schon herausfordernd. Im Kloster hat alles seine feste Zeit und Struktur. Größere Gemeinschaften brauchen diese Vorgaben, damit sie reibungslos funktionieren und nicht zu viel Unruhe entsteht. Gott sei Dank habe ich einen sehr anpassungsfähigen Charakter. Ich bin recht flexibel und tolerant. Mir fällt es leicht, mich auf neue Umstände einzulassen. Auch wenn manche Dinge aus meinem Leben als Franziskaner bei mir tief verankert sind und ihren Platz behalten sollen, konnte ich auf andere wiederum schnell verzichten. Ob wir beide zum Beispiel nun mittags oder abends warm essen, spielt für mich keine Rolle.

Beate || Wir beginnen jeden Tag mit einem gemeinsamen Gebet. Noch vor dem Frühstück lesen wir einen Psalm und halten inne. Dann bekreuzigen wir uns gegenseitig auf der Stirn. Mit diesem Rückbesinnen auf unsere geistlichen Wurzeln beginnen wir den Tag.

Ulrich || Sicher ist das anders als im Kloster, aber doch ähnlich … Auch bete ich, wenn möglich zusammen mit Beate, zusätzlich täglich den Angelus „Der Engel des Herrn brachte Maria die Botschaft …" – morgens, mittags und abends –, egal, wo ich bin, ob bei der Arbeit, im Auto oder im Garten. Ich höre auf die Kirchenglocken und stelle mir meine ehemaligen Mitbrüder vor, wie sie neben mir beten. Das gemeinsame Gebet war etwas, das ich im Kloster besonders geschätzt habe, weil es eine stärkende Kraft besitzt. Da ich nun nicht mehr vor Ort sein kann, verbinde ich mich wenigstens innerlich damit.

Beate || Ich erinnere mich, wie ich damals im Kloster die Gebete manchmal auch einfach heruntergeleiert habe, weil sie eben gerade an der Reihe waren. Hier zu Hause bete ich meist viel intensiver und bewusster. So, als ob die Worte jedes Mal neu wären.

Ulrich || Nun ja, da ist schon etwas dran. Die Gebetszeiten im Kloster sind nicht immer nur aufbauend, sondern oft nichts anderes als eine Pflicht. Und im Kloster liegt der Alltag mit all seinen Herausforderungen oft auch über dem Gebet wie ein schwerer

Mantel: ein Konflikt mit einem Mitbruder belastet, innere Kämpfe mit sich selbst zermürben („Eigentlich würde ich doch so gerne …"), die soziale Verantwortung stresst, … Da kann es schon vorkommen, dass man im Chorgestühl sitzt und die heiligen Worte nur so an einem vorbeirauschen, weil man gedanklich ganz woanders ist. Dabei versteht sich Gebet auch als Dienst. Schließlich betet man im Kloster stellvertretend für die Anliegen der ganzen christlichen Weltgemeinschaft wie auch für alle Menschen.

Beate || Ja, aber ich sage mir: Lieber ein intensives Gebet als viele oberflächliche! Qualität vor Quantität!

Trotzdem gehört natürlich auch bei uns ein Tischgebet zu jeder Mahlzeit dazu, mit dem besonderen Bewusstsein für die Nahrungsaufnahme. Noch eine Reminiszenz ans Kloster: Dort wird man dazu erzogen, sich bewusst zu machen, dass es keine Selbstverständlichkeit ist, genügend Essen vor sich zu haben. Nahrung aufzunehmen ist für Klostermenschen mehr. Mit Essen verbindet man ja auch bestimmte Frömmigkeitsrituale, beispielsweise das Fasten. Damit üben sich Ordensleute in der Dankbarkeit für das Alltägliche.

Ulrich || Manchmal setzen wir uns auch während des Tages hin und lesen im Stundengebet, dem „Te Deum". Das Psalmenbeten, ein Kernstück des klösterlichen Stundengebetes, nimmt alle menschlichen Lebenswirklichkeiten ins Gebet auf. Ich muss nicht erst selbst Texte formulieren, sondern kann mich im wahrsten Sinne des Wortes in diese Texte einfühlen, mich einfach mit meinen Anliegen hineingeben. Und ich weiß mich dadurch verbunden mit den vielen Frauen und Männern weltweit – das eint und stärkt.

Beate || Keins unserer Rituale hat im Alltag seinen festen Rhythmus, so wie wir ihm im Kloster gefolgt sind, wir orientieren uns nur daran.

Ulrich || Diese Rituale bedeuten mir viel. Ich könnte mir nicht vorstellen, ganz ohne sie zu leben. Mittlerweile haben wir unseren eigenen flexiblen Rhythmus gefunden. Je nach Situation: Beate lässt sich darauf ein, ich lasse mich ein, wir ergänzen uns – es soll keinesfalls starr sein oder werden. Wie auch unsere partnerschaftliche Beziehung soll unsere geistliche Verbindung mit Gott lebendig bleiben. Das ist uns beiden wichtig. Da wir nicht mehr an eine Gemeinschaft angegliedert sind, sind wir nunmehr eigenverantwortlich, unserer Spiritualität in unserem Tagesablauf Raum zu geben. Wir gestalten diesen jetzt selbst, ohne Vorgaben von außen. Das gibt uns auch mehr Freiheit und Weite.

Beate || Wir sind da pragmatisch: Können wir einmal an einem Sonntag nicht in die Messe gehen, ist das für uns nicht schlimm. Wir haben kein schlechtes Gewissen, wenn wir eine Messe verpassen. Denn andererseits gehen wir manchmal, wenn wir bei einer Wanderung oder bei einem Ausflug an einer Kapelle vorbeikommen, einfach hinein und singen drauflos. Zur Ehre Gottes. Uli kann übrigens fast alle Lieder aus dem Gotteslob auswendig.

Ulrich || Gottesdienst kann überall stattfinden, im Wald, bei einem Spaziergang auf einem Feldweg oder im eigenen Wohnzimmer. Aber tatsächlich fühle ich mich in sakralen Räumen wie Kirchen immer noch sofort beheimatet, wenn ich sie betrete.

Sie sind schon noch einmal etwas anderes, etwas Besonderes – eben etwas tief Vertrautes.

Beate || So geht es mir auch.

Ulrich || Den Abend eines jeden Tages beschließen wir mit einem Segenswort und bekreuzigen uns wieder gegenseitig. Auch das haben wir vom Kloster übernommen. Nach der Komplet, dem letzten Gebet des Tages, segnet dort die Äbtissin oder der Abt jeden Einzelnen mit Weihwasser.

Beate || Wir beide leben nun einfach in unserer Gemeinschaft eine eigene kleine geistliche Gemeinschaft.

Ulrich || Alles, was Glaube beinhaltet, hat mit Beziehung zu tun. Natürlich kann man sich auch als Eremit im Glauben vertiefen. Aber auch dann lebt man immer noch in Beziehung mit Gott. Ich aber brauche Gemeinschaft, menschliche Beziehungen. In meiner Partnerschaft mit Beate erscheint mir mein geistliches Erleben manchmal fast noch intensiver als früher im Kloster. Einen Klosterbruder kann ich gern haben oder schätzen. Aber meine Liebe für Beate intensiviert auch mein spirituelles Empfinden. Ich bin so dankbar dafür, dass sie neben mir lebt, dass sie mir von Gott geschenkt wurde. In unseren gemeinsamen Gebeten schwingt diese Dimension meiner Gefühle immer mit und macht sie Mal für Mal noch tiefer. Als ob sich Glaube und Liebe gegenseitig verstärken.

Beate || Aber ohne das Kloster wärst du nicht der, der du heute bist. Und ich wäre nicht die, die ich heute bin.

Ulrich || Ich möchte meine Zeit als Franziskaner nicht missen! Aber alles hat eben seine Zeit. Für mich war nach 40 Jahren Kloster etwas anderes an der Reihe. Ich legte zwar meinen Habit ab, aber ich lebe weiterhin in und aus der franziskanischen Spiritualität. Selbst wenn ich wollte, könnte ich diese tiefe Prägung nicht abstreifen.

In den vierzig Jahren im Kloster bekam ich des Öfteren mit, wie Mitbrüder nach kurzer Zeit unsere Gemeinschaft verließen. Das ist im Klosterleben normal, dass Menschen, die sich für das Kosterleben prädestiniert fühlen, nach einiger Zeit spüren, dass dies doch nicht ihr Weg ist. Es gibt aber auch das Gegenteil: Nämlich, dass Menschen merken, dass das Leben außerhalb des Klosters nicht ihres ist. So erging es einer meiner Cousinen. Sie war verheiratet und hat zwei Kinder. Doch nach ein paar Jahren Ehe wurde ihr klar, dass das Leben, das sie mit ihrem Mann führte, für sie nicht stimmig war. Sie ließ die katholisch getraute Ehe annullieren und trat nach mehreren Jahren der Prüfung bei den Missionsschwestern ein und wurde Nonne. Ich erinnere mich noch gut an den bewegenden Moment, als ihre bereits erwachsenen Kinder sie bei ihrer ewigen Profess zum Altar begleiteten. Bis heute ist sie mit ihren Mitschwestern in Afrika tätig. Gott wählt und erwählt eben immer auch auf sehr persönliche Weise.

Damals war ich sehr stolz, als ich in die Gemeinschaft aufgenommen wurde. Ich hatte überhaupt kein Problem mit der Aussicht auf „ewig". Im Gegenteil, dieser Zeitrahmen gab mir sogar Sicherheit. Für mich bedeuteten damals Jahre oder Jahrzehnte gar nichts. Ich spürte in dem Moment: Das ist einfach für mich dran. Ich wollte jetzt unbedingt, aus tiefstem Herzenswunsch heraus, diese Erfahrung machen. Das sollte jetzt mein Platz sein und ich wollte die Zeit, so gut ich nur konnte, auch nutzen. Ich sog alles Neue in mich auf wie ein Schwamm.

Als die ersten Zweifel kamen, hätte es mir das Leben aber nicht leichter gemacht, wenn ich mich dem Kloster und Gott nur auf eine kürzere Zeit versprochen hätte. Ich erinnere mich daran, wie ein Mitbruder auf mich zukam, als ich nach sieben Jahren Ordenszugehörigkeit meine ewige Profess ablegte, und mich erwartungsvoll fragte: „Na, wie fühlst du dich jetzt?" Ich hatte eine für ihn wohl unerwartete Antwort: „Ich weiß, dass ich meine Gelübde auf die Ewigkeit hin nicht nur einmal ablegen werde. Ich werde mich immer wieder neu entscheiden müssen, sie immer wieder prüfen und neu bestätigen müssen."

Beate || Bis zur ewigen Profess habe ich es nicht geschafft. Ich glaube, heute ist dieses Konzept, bei dem man sich für das ganze Leben bindet, für die meisten jungen Menschen sowieso ganz undenkbar, schon gleich gar nicht an nur ein Kloster.

Ulrich || Ich habe in meiner Zeit als Novizenmeister und Oberer viele junge Menschen bei ihrem Eintritt in unsere Gemeinschaft begleitet und dabei erlebt, wie stark ihre Sehnsucht war, sich auf etwas Verbindliches einzulassen. Nicht selten fühlten sich diese Männer schon mit 18 Jahren reif genug, eine solche Entscheidung zu treffen. Heute liegt das durchschnittliche Alter für den Eintritt ins Kloster aber eher bei 30 bis 35 Jahren. Diese Menschen kommen aus dem Hier und Heute, sie bringen bereits partnerschaftliche Lebens- wie Berufserfahrung mit, sie sind selbstbewusst. Der klösterliche Rahmen mit all seinen Bedingungen wie Verpflichtungen ist für sie meist viel zu eng. Damit das Klosterleben für junge Menschen attraktiver wird, braucht es eine Reform des Systems.

Beate || Das denke ich auch. So etwas wie „Kloster auf Zeit".

Ulrich || Ja, das ist eine Option. Nicht nur für ein paar Tage, wie sie schon vielerorts angeboten werden, sondern für einen mehrjährigen Lebensabschnitt. Diese Zeit der verbindlichen Zugehörigkeit, des Mitlebens in einer Ordensgemeinschaft schenkt Erfahrungen, die später wiederum für das Leben außerhalb der klösterlichen Gemeinschaft bedeutend sind und Lebenshilfe sein können.

Beate || Kloster und Orden sozusagen als Schule für ein christliches Leben.

Ulrich || Deshalb sollten die Gemeinschaften sich darum bemühen, eine viel größere Offenheit auszustrahlen und anzubieten. Das Konzept von einer verborgenen tristen Welt, die hinter Klostermauern und vergitterten Türen liegt, entspricht ja gar nicht mehr der Lebenswirklichkeit der Orden. Dieses Image muss dringend revidiert, vom Muff des Mittelalters entrümpelt und abgestaubt werden. – Ich denke, wenn Menschen die tiefe Sehnsucht in sich spüren, Teil einer klösterlichen Gemeinschaft zu werden, sollte man ihnen anbieten, das Kloster viel unverbindlicher als früher kennenzulernen. „Kommt und lebt mit uns eine Zeit lang, lernt unser Miteinander kennen! Entdeckt die Grenzen und die Möglichkeiten! Schaut, ob euch das guttut!" Auch sollte man ihnen vermitteln, dass ein späterer Austritt kein Scheitern bedeutet. Das heißt nicht, dass man einem solchen Schritt die Verbindlichkeit nehmen sollte. Nur lose mitzuleben ist keine Form, die allen Beteiligten gerecht werden könnte. Aber sich einzubinden, teilzunehmen – ohne volle Verpflichtung als Mitglied –, das könnte für Interessenten die Phase des eigenen Prüfens entlasten. Sie sollten die Möglichkeit bekommen, in das Klosterleben in größerer Freiheit hineinzuwachsen, hineinzureifen. Das wäre heute viel zeitgemäßer. So hätten sie auch die Möglichkeit, nicht bloß eine Gemeinschaft „auszuprobieren". Vielleicht ist manchmal eine monastische Gemeinschaft nicht die richtige, sondern eher eine tätige.

Diese neue Form des Kennenlernens müsste allerdings auch eine intensivere Einzelbegleitung der Aspiranten beinhalten. Sie sollten mit ihren Fragen auf keinen Fall alleingelassen werden. Ich denke, diese neue Gestalt wäre sicher eine Hoffnung für den Fortbestand des Klosterlebens.

Letztlich wäre es auch noch eine gute Idee, angesichts einer von Anfang an zeitlich begrenzten Zugehörigkeit zu einer Klostergemeinschaft die Verbindung nach dem Austritt weiter bestehen zu lassen. Warum sollte der Kontakt ganz abreißen? Für mich wäre das genau das Richtige gewesen. Es war aber leider nicht möglich. Anders ausgedrückt: Zwar tragen Ordensleute einen Habit, doch er allein trägt sie nicht in ihrer Berufung. Das, was mich wirklich trägt, ist Gott und das Wissen, er ist mitten unter uns. Das gilt für ein Leben inner- wie außerhalb von Klostermauern.

Liebe Beate,

ich liebe auch die verborgenen Winkel deines Lebens und freue mich auf die weiteren Entdeckungen. Du führst mich mit deiner Liebe auch immer wieder zu mir, lässt mich mein Leben deutlicher erkennen. Du bist wirklich nicht nur Schatz, sondern auch Schatzsucherin.

Ich liebe dich mit allem, was du bist – gerade da, wo du mich konfrontierst, etwas deutlich benennst, mich liebevoll für Wahrheiten öffnest.

Ich werde wach, und schon bist du da – ich sehe dich am Küchentisch sitzen, du schaust auf die Blumen, den Tannenzweig und die Kerze – eben alles kleine Adventszeichen, die auf das Wesentliche oder besser auf den Wesentlichen hinweisen.

Ein solches Hinweisen schenken und erleben wir auch gemeinsam in unserer Beziehung, ohne dass dadurch die Innigkeit unserer Beziehung an Kraft und Sehnsucht verliert.

Es ist anders. Unsere Beziehung erhält dadurch noch einen besonderen Glanz, eine Tiefe und Weite, die nur so – mit Gott – zu erfahren ist.

Es ist noch einmal etwas ganz Besonderes, sich mit einem geliebten Menschen in die Liebe Gottes fallen zu lassen ...

Wie war das noch mal mit den beiden, die sich umarmen, und den Flügeln?

Brief von Ulrich, 2012

Beate Heinen, „Umarmende Engel", Aquarell, 2010 ▸

Lieber Uli,

ich traue dir, ich traue deiner Liebe und deinen schönen Worten. Ich vertraue mich dir an und weiß, dass du es sehr, sehr ernst meinst.

Und immer wieder vertraue ich uns auch Gott an, der gesagt hat: „Ich bin die Liebe und ich bin der, der liebend für euch da ist."

Wir können nicht in die Zukunft schauen, aber wir können in jedem Augenblick an der Zukunft bauen (hat, so glaube ich, Saint-Exupéry geschrieben).

Du hast in den letzten Tagen auch immer wieder Dinge gesagt, die den Tenor hatten: „Ich spüre in mir unsere Zukunftsfähigkeit." Auch meine ich, dass all das Erfüllende und Schöne, das uns zukommt, das wir miteinander erleben dürfen, so etwas wie eine kleine, durchlässige Hecke um uns ist, die langsam dichter wird (aber nicht undurchdringlich).

Deine Entscheidung wird noch Zeit brauchen. Ich bin mal gespannt, wie lange du dir Zeit nehmen wirst.

Aber auch da vertraue ich dir ganz und gehe alle Wege mit.

Wir lernen miteinander das Fliegen ... wie die sich umarmenden Engel.

Brief von Beate, 2012

Ein gutes Team

Beate || Einige Stimmen könnten behaupten, wir wollten uns mit unserer Ehe mit Gott aussöhnen, weil wir beide unsere Gelübde gebrochen haben. Aber das ist nicht der Fall. Wir sind ja nicht vor Gott weggelaufen, sondern mit Gott in Freiheit aufeinander zugegangen. Uns ist der kirchliche Segen für unsere Beziehung deshalb so sehr wichtig, weil wir uns unter den Schutz Gottes stellen wollen: „Herr, wir vertrauen auf deine Zusage für uns beide auf diesem Weg!"

Ulrich || Das Sakrament der Ehe spendet man sich ja gegenseitig, in einer wechselseitigen Zusage: „In dir ist mir Gott begegnet. In dir ist auch er mir nahe. In schweren Zeiten werden wir zueinander stehen." Das haben wir uns zunächst bei der standesamtlichen Trauung versprochen, doch in einem sakralen Umfeld ist das für uns noch weitaus bedeutsamer.

Die Trauung fand mitten in der Pandemie statt: Nur der Bürgermeister war mit uns im Standesamt anwesend. Die Trauung war Beate und mir wichtig – ein deutliches Zeichen nach außen.

Beate || Das hat unsere Beziehung noch verbindlicher gemacht. Mit dem Ja habe ich Ulrich ganz deutlich gesagt: „Du bist derjenige, mit dem ich mein Leben leben will." Ich hatte immer die Sehnsucht nach so einer festen Beziehung, aber es hat vor Uli nie gepasst. Mit dem Ring am Finger fühlte ich mich gleich etwas sicherer. Und jetzt können wir jedes Jahr – so wie andere auch – unseren Hochzeitstag feiern!

Ulrich || Bei der Eheschließung habe ich Beates Namen angenommen. Ich wollte nach außen bewusst ein Zeichen setzen, dass ich nun zu dieser Familie, die ja schon mit Beate und ihrer Tochter und den Enkelkindern besteht, gehöre. Mein Familienname war mir ohnehin fremd, da ich meist nur „Bruder Ulrich" genannt wurde. An meinen neuen Nachnamen „Heinen" musste ich mich erst gewöhnen …

Als ich einmal beim Zahnarzt war und mit meinem vorigen Nachnamen „Schmitz" im Wartezimmer aufgerufen wurde, sprang ich rasch auf und folgte der Arzthelferin ins Behandlungszimmer. „Wir haben ja heute einiges vor", sagte sie. Ich stutzte. „Ich bekomme doch nur eine professionelle Zahnreinigung." Sie schaute in die Unterlagen. „Nein, hier lese ich: obere Brücke entfernen und so weiter." Da fiel es mir plötzlich ein: Ich bin ja gar nicht mehr „Herr Schmitz"! Ich bin ja „Herr Heinen"! Wir mussten beide schon sehr schmunzeln und Gott sei Dank konnte sich nun der richtige Herr Schmitz seiner wohl dringend notwendigen Behandlung unterziehen.

Beate || Auch im Kloster bekommt man ja bei der Einkleidung meist einen neuen Namen – für das neue Leben.

Ulrich || Ich habe einen großen Schritt gemacht, indem ich das Kloster verlassen habe und zu Beate gezogen bin. Das brauchte ein öffentliches, offizielles Zeichen und vielleicht tatsächlich eben auch einen neuen Namen.

Beate || Wer hätte das damals geahnt, als du vor meiner Tür standest? Ich weiß noch, wie du, kurz nachdem wir uns kennengelernt haben, immer so zurückhaltend warst. Dabei habe ich von Anfang an gespürt, dass wir zusammengehören. Ich habe dir sofort vertraut. Irgendwann habe ich dir einfach den Schlüssel in die Hand gedrückt und gesagt: „Das ist ab jetzt unser Haus. Du musst nie wieder fragen, wenn du etwas nehmen oder benutzen möchtest!" Ich habe dir gleich vertraut.

Ulrich || Zu Anfang unserer Beziehung, als ich noch im Kloster lebte, war ich ja immer nur zwei, drei Tage im Monat zu Besuch bei Beate oder mal ein paar gestohlene Stunden zwischendrin. Wir kannten uns, aber damals – so wie jetzt – 24 Stunden am Tag miteinander zu verbringen, war ungewohnt. Bis auf die wenigen Urlaube, die wir gemeinsam verbrachten, kannte ich über die Jahre hinweg eine solche Nähe als Paar gar nicht. Ich brauchte schon ein paar Monate, um mich daran zu gewöhnen.

Beate || Ich hatte ja einige Beziehungen mit Männern. Aber so nahe und verbindlich wie mit dir war keine.

Ulrich || Im Alltag war vieles neu für mich. Ganz banale Dinge wie im Haushalt mitzuhelfen, die Wäsche aufzuhängen, einkaufen zu gehen ... Im Kloster gab es stets Angestellte, die für uns kochten und putzten. Aber gerade diese praktischen Aufgaben halfen mir, tatsächlich anzukommen und mich aus meinem vorigen Leben langsam zu lösen. In den ersten Monaten stürzte ich mich richtig auf handwerkliche Tätigkeiten rund ums Haus. Es hat mich nicht gestört, dass Beate einiges delegierte. Im Gegenteil: In enger Abstimmung mit ihr lernte ich, meine neue Verantwortung zu übernehmen. Es war ein Lernprozess im zivilen Leben.

Auch mussten wir uns mit der Zeit erst auf eine Zweierbeziehung auf Augenhöhe einschwingen. Mit 30 oder 35 Jahren fällt einem das sicher leichter als im fortgeschrittenen Alter. Schließlich ist diese Lebensform einer nahen, miteinander gelebten Partnerschaft für uns beide neu. Und dennoch gehört es zu jeder Beziehung dazu, den anderen zu sehen und zu beachten.

Beate || Unsere Beziehung beruht auf großem gegenseitigem Vertrauen. Auch wenn unser Tag mal nicht in eitel Sonnenschein und perfekter Harmonie verläuft, wissen wir doch am Ende des Tages, dass wir aufeinander bauen können, dass wir füreinander da sind, egal was kommt. So waren wir beispielsweise während der Pandemie beide gleichzeitig an Corona erkrankt, und wir wechselten uns mit unseren Fieberschüben ab. Gerade da haben wir wieder einmal erlebt, wie wir uns gegenseitig stützen, wenn es hart auf hart kommt.

Ulrich || Das war eine intensive Grenzerfahrung, wenn man plötzlich nicht mehr einfach so funktionieren kann. Und ich war nicht mehr Teil eines großen Verbunds, in dem man aufgehoben ist, weil immer jemand da ist, der einem helfen kann. Nun waren wir beide krank, brauchten beide Hilfe. Und mir begegnete mitunter auch Neues in diesem Erleben. Dass ich beispielsweise nun eine Krankmeldung an meinen Arbeitgeber schicken musste, was für viele Berufstätige ja selbstverständlich ist, kannte ich aus meiner Zeit von früher, mit den Brüdern, ja gar nicht.

Die Tage, in denen wir fieberkrank im Bett lagen, haben uns auch wieder einmal die Fragilität unseres Lebens vor Augen geführt. Wir haben uns hinterher auch gefragt: Wie wollen wir die Zeit, die uns im Leben gemeinsam bleibt, gestalten? Was ist uns für die kommenden Jahre wichtig? Was wollen wir noch verwirklichen? Was noch gemeinsam erleben?

Beate || Ich würde gerne mit Uli verreisen! Aber ich weiß, dass das für ihn eine seltsame Angelegenheit ist. Wenn ich zu ihm sage: „Komm, wir gönnen uns mal was! Komm, wir fahren irgendwo hin und lassen es uns gut gehen!" Dann …

Ulrich || … sprühe ich nicht gerade vor Begeisterung. Ich tue mich schwer damit, mir selbst die Erlaubnis zu geben, mich einfach gehen zu lassen. Ich verspüre auch kein Bedürfnis danach. Ich bin gern so an sich aktiv. Arbeit war für mich nie ein Zwang, sondern vielmehr Erfüllung, eben im wahrsten Sinne des Wortes Berufung. Ich war früher zwar viel unterwegs, oft wochenlang – in den USA, in Indien, in der Ukraine. Aber eben nie privat, sondern immer mit einer Aufgabe, einer Mission oder in meiner Funktion als Franziskaneroberer. Urlaub an sich kenne ich gar nicht. Das höchste der Gefühle waren ein paar Tage zu Besuch bei meinen Geschwistern am Niederrhein, wo all meine Nichten und Neffen sich dann immer auf ihren Onkel freuten.

Beate || Ich habe nie ein schlechtes Gewissen, wenn ich mir etwas gönne. Im Gegenteil. Ich liebe es, mir schöne Dinge zu kaufen, schöne Kleider, schöne Schuhe oder stundenlang beim Frisör zu sitzen. Ich gebe zu, ich bin ein bisschen eitel. Ich liebe es, mir in jeder Hinsicht das Leben schön zu machen. Das heißt nicht, dass ich verschwenderisch lebe, aber ich bin ein sehr sinnlicher Mensch.

Ulrich || Beate sagte anfangs oft, als ich vom Einkaufen nach Hause kam: „Na, da hättest du aber etwas großzügiger sein können!" So etwas wie Vorratshaltung habe ich jetzt erst kennengelernt. Im Kloster brauchte ich mich um so etwas nicht kümmern.

Auch in meiner Haltung hatte ich mich ja mein Leben lang auf das Nötigste reduziert. Ein Hemd zwanzig Jahre lang zu tragen, ist für mich normal. Warum auch nicht, wenn es keine Löcher hat? Und plötzlich kam Beate, nahm meine alten Kleider und legte sie zur Altkleidersammlung. Sie sah mich dabei lächelnd an: „Ganz abgewetzt! Wir kaufen dir was Neues." Da musste ich manches Mal schon schlucken.

Andererseits bin ich in etwas Gewachsenes, Bestehendes – in Beates Leben und ihr Haus – gekommen und habe jetzt plötzlich mitgestaltet, mitentschieden. Auch bei der Einrichtung: Ich mag es viel puristischer als sie und hätte gerne einiges weniger um mich herum. Aber ihre liebgewonnenen Bilder und Möbel konnten und sollten ja nun nicht einfach rausgeschmissen werden, es sind Kunstwerke der Erinnerung.

Beate || Ja, bei uns prallen schon Welten aufeinander …

Andererseits war Uli immer alles andere als geizig, wenn es darum ging, Arbeitsmaterialien aus meinem Atelier für seine Patienten bei der Arbeit mitzunehmen. Plötzlich fehlten mir in meiner Ordnung die Pinsel und Farbtuben und Papierblöcke, als ich malen wollte. Ich suchte überall danach und ärgerte mich. Tja, Uli kannte das aus dem Kloster so, dass allen alles gehörte. Doch meine Malutensilien sind kein Allgemeingut. Das musste ich ihm erst beibringen. Auch, dass wir sie ja wieder neu anschaffen müssten, wenn sie fehlten, und dass das unser Geld kosten würde.

Ähnlich verhielt es sich beim Thema Besuch: Ich erinnere mich noch gut daran, wie eines Tages mehrere Inder mit Uli freudestrahlend vor unserer Tür standen. „Schau mal, Beate, ich habe uns Gäste mitgebracht!" – Ach so, Gäste? Ich hatte keine Ahnung, war nicht vorbereitet. Dass sich irgendjemand um Ulis Bekannte aus seiner Franziskaner-Zeit bei uns zu Hause kümmern musste, war Uli nicht ganz bewusst gewesen. Sie blieben mehrere Tage, breiteten sich überall im Haus aus und ließen sich gerne von mir bekochen und bedienen. Ich ließ mir nichts anmerken, aber ich lief mit geballter Faust in der Tasche herum und hoffte, dass der liebe Besuch aus Indien bald wieder seine Taschen packen würde. Einer der Patres, der wohl eingesehen hatte, dass er ziemlich autoritär mit mir umgegangen war, schenkte mir zum Abschied als Dank eine Ikone. Das versöhnte mich mit diesem Überfall.

Ulrich || Ich war da eben in meiner alten Haut. Wie oft hatte ich früher Delegationen aus dem Ausland in unserer Gemeinschaft willkommen geheißen, herumgeführt, mit ihnen an Projekten gearbeitet. Unterkunft, Verpflegung, An- und Abreise – darum kümmerten sich andere, genauso wer dafür bezahlte. Dass alle möglichen Dinge in meinem neuen privaten Leben von uns – von mir! – direkt mitfinanziert werden müssen, wurde mir erst allmählich klar. Schließlich gab es nun keine große Organisation mehr im Hintergrund, die die Ressourcen zur Verfügung stellte.

Auf die Arbeit mit anderen Menschen, auf intensive Begegnungen, auf gemeinsame Projekte, in die ich meine Talente einbringen kann, will ich nicht verzichten. Meine Arbeit als Kunsttherapeut ist mir sehr wichtig. In meiner Tätigkeit schwingt auch immer meine religiöse Grundeinstellung mit: Gott umarmt mit seiner Liebe alle Menschen – auch, oder gerade, wenn sie gebrochen sind. Das bringe ich nicht explizit mit meinen Patienten ins Wort, aber es gibt mir eine größere Weite in meinem Ansatz. Teil eines Teams zu sein, ist auch etwas, das ich genieße. Ich muss in die Welt hinaus und herumwuseln, mitwirken. – Das bin ich. Das macht mich aus. Ohne das könnte ich nicht leben. Ich weiß, dass es Beate schwerfällt, wenn ich dann meiner Wege gehe und erst am Abend wieder nach Hause komme, sie quasi alleinlasse.

Beate || Das sitzt bei mir ganz tief: Wenn Uli geht, habe ich manchmal die Angst, er kommt nicht wieder zurück. In dieser Unsicherheit habe ich schließlich jahrelang gelebt, bei anderen Männern: Wann wird er wohl wiederkommen? Oder kommt er am Ende des Tages gar nicht mehr? Diese Verlustangst ist wie ein Trauma, das ich mit mir herumtrage. Ich fühle mich verlassen, wenn Uli zur Arbeit geht. Und wenn er nicht pünktlich wieder zu Hause ist, mache ich mir gleich Sorgen um ihn. Hoffentlich ist nichts passiert ... Uli zu verlieren, wäre das Schlimmste für mich.

Ich könnte mir ein Leben ohne ihn nur schwer vorstellen. Zurück in meine Einsamkeit ... Ein schrecklicher Gedanke!

Deshalb versuche ich mich bei Konflikten auch immer etwas zurückzuhalten. Früher war ich viel streitfreudiger und habe mich stärker behauptet. Uli hat mich da schon etwas gezähmt. Vielleicht ist das aber auch so, weil ich jetzt schon so eine alte Tante bin. Auf jeden Fall bäume ich mich gegen Widerstände nicht mehr so auf. Ich will ihn ja nicht verärgern, denn er ist mir lieb und teuer. Wenn man einen Goldklumpen findet, wirft man ihn ja auch nicht achtlos wieder weg. Ich erinnere mich daran, wie ein von Uli Betreuter einmal zu mir sagte: „Ja, Beate, du hast das goldene Ei aus dem Nest geholt."

Ulrich || Keine Angst, deinen Biss hast du dennoch nicht verloren! Manchmal wird es mir aber zu eng, da fliegen dann schon die Fetzen. Ich kann auch nicht immer gelassen sein. So ein kurzer emotionaler Ausbruch bringt uns dann wieder runter. Wir sind sehr unterschiedliche Charaktere. Beate ist begeisterungsfähig, detailverliebt, sorgfältig, bedacht auf ihr Äußeres, chaotisch-kreativ, wenig strukturiert, spontan ...

Beate || ... und Uli ist absolut verlässlich, liebevoll, fürsorglich, klug, knickerig, manchmal grenzwertig-manipulativ, wenn er Widerstände diplomatisch umgehen möchte und sehr ordentlich.

Bei unserer gemeinsamen Arbeit allerdings ergänzen wir uns mit einigen dieser Eigenschaften perfekt. Du bringst die Ergebnisse meines kreativen Schaffens in eine Struktur. Es gibt so viele organisatorische Aufgaben, die du mit links machst, für die ich weniger begabt bin: Druckerlaubnis? Antworten auf Anfragen senden? Ausstellungen organisieren? – Das alles ist mir eher ein Gräuel.

Ulrich || Ich liebe es, Prozesse zu managen, das Kreative in eine Form, in größere Zusammenhänge einzubinden, wo es für andere zugänglich, begreifbar, erfahrbar wird. Ich ordne die etwas chaotische Vielfalt Beates derart, dass wir damit an die Öffentlichkeit gehen können. So haben sich unsere Wege ursprünglich auch gekreuzt – als ich Beate Heinen, die Künstlerin, zu unserer Podiumsdiskussion nach Hausen eingeladen habe. Schon da wurde klar, dass sich wesentliche Teile unserer Fähigkeiten wunderbar ergänzen.

Ich freue mich, dass Beate mich in ihrer kreativen Arbeit immer mehr an ihrer Seite wünscht. Sie fragt immer häufiger: „Wie sollen wir das jetzt machen?" Das betrifft nicht nur ihre Kunst, für die ich meine Frau ja so verehre.

Beate || Ich musste ja fast mein ganzes Leben lang alles allein entscheiden, war allein verantwortlich. Es fühlt sich so gut an, Aufgaben nun gemeinsam zu bewältigen, etwas an Ulrich abgeben zu können, weil er damit viel besser zurande kommt und dafür viel mehr Talent hat als ich. Ganz alltägliche Situationen fühlen sich jetzt viel leichter an: Besuche, Einkäufe, alles rund ums Haus.

Ulrich || Zusammenzuarbeiten im Team ist mir ja schon seit jeher vertraut. Neu ist eher für mich, mich nur mit einer Person abzustimmen, die aber umso intensiver mit mir alles teilt. Wenn ich morgens neben Beate aufwache, bin ich jedes Mal von Dankbarkeit erfüllt: Da ist eine Frau, die mir gestern zur Seite stand und die auch heute wieder mit mir alle Möglichkeiten des Tages auslotet – all diese liebevollen „Kleinigkeiten" des Alltags.

Beate || Deine Geschwister mussten sich auch erst daran gewöhnen, dass du jetzt ein anderes Leben führst …

Ulrich || Ja, sie kannten mich die ganze Zeit nur als Ordensmann. Es hatte sich beispielsweise so eingependelt, dass mich die ganze Familie mit Kind und Kegel jedes Jahr um die Weihnachtszeit herum im Kloster besucht. Manches Mal haben sie sogar dort übernachtet. „Ah, Bruder Ulrich hat wieder Besuch!", hieß es dann. Meine Geschwister und ihre Familien liebten das klösterliche Ambiente und freuten sich schon immer auf die Herzlichkeit, mit der meine Mitbrüder sie begrüßten. Dieser drei- bis viertägige Besuch gehörte zum Jahresablauf im Kloster also schon dazu. Ich weiß, dass meiner Familie das jetzt fehlt. Aber natürlich waren sie auch nicht wirklich überrascht, als ich mich mit Beate „outete". Nun ist sie immer dabei, wenn wir uns alle treffen. Gerade von meinen Nichten und Neffen habe ich damals viel positives Feedback bekommen, sie fänden es so super, dass ich meinen Weg ginge und den Mut für Neues hätte.

Beate || Auch unsere Nachbarn hier haben sich nie negativ geäußert. Im Gegenteil: Die Frauen in der Nachbarschaft haben sich sogar mit mir gefreut: „Ich habe es ja immer gesagt: Der kommt wirklich!" – Ich habe einmal eine Grafik mit dem Zitat von Luciano De Crescenzo gestaltet: „Wir sind Engel mit einem Flügel. Nur wenn wir uns umarmen, können wir fliegen."

Uli ist schon ein ganzer Engel.

Beate Heinen, „Erste Schritte", Rötelzeichnung, 2013

Leben heißt, immer wieder erste Schritte tun

Umgeben von dem, was mich trägt,
begleitet von Menschen, die mich tragen.

Neues fordert immer auch ein Lassen,
eingehüllt in Fragen, Ängste,
doch voller Hoffnung mich dem Neuen anvertrauen.

Beschenkt von der Erfahrung,
die mich trägt, hinein in neue Welten
zu Menschen, die mir helfen,
immer mehr zu werden, der ich bin.
Und dann ein letzter, erster Schritt
hinein in nur Erahntes –
wo mich empfängt ein Leben, voller Licht,
und eine Umarmung auf mich wartet,
die nur Liebe ist.

Ulrich Heinen, 2013

Seit Dienstag ist Sr. Irmengard in der Gruft aufgebahrt. Sie starb im Alter von 91 Jahren. Welch ein Leben! Ich habe Angst. Ich habe immer Angst vor Leichen gehabt, auch im Kloster. Darum habe ich mich einmal gezwungen eine tote Schwester zu zeichnen, im Kapitelsaal. Aber jetzt bin ich gekommen, um Abschied von der lieben Schwester Irmengard zu nehmen.

Ich war froh, dass ich niemanden sah, als ich vom Stäfeli-Hus zur Gruft ging. Sicher haben sie sie bereits eingesargt, bei dem warmen Wetter, so machte ich mir Mut. [...]

Vorsichtig öffnete ich die Türe der Gruft und erschrak etwas. Da lag in einem offenen, einfachen, weißen Sarg eine weiße, stille Leiche. Sie war fein angezogen mit Kukulle und Schleier und weißem Blütenkranz. Meine Schwester Irmengard. Ich hatte Angst. Angst vor dem Alleinsein mit der Toten. Angst vor meiner Angst, vor dem Verwesungsgeruch, Angst vor etwas Schrecklichem ...

Ich habe diesen Menschen gerngehabt, ihn lebendig, geistreich, liebevoll erfahren und doch fürchtete ich nichts so sehr, wie wenn dieser Leichnam Zeichen von Leben von sich gäbe.

Die Tür zur Gruft ließ ich ein wenig angelehnt, wie einen Fluchtweg. Das Aspergil mit dem Weihwasser war wie eine Zuflucht. Die Leiche mit Weihwasser zu besprengen war eine Hilfe. Laut sagte ich in das fremde, tote Antlitz hinein:

Liebe Sr. Irmengard, ich danke dir für alles, was du mir geschenkt hast. Ich bitte dich um Verzeihung, dass ich nicht mehr für dich da war, für dich tun konnte. Du hast mir versprochen, wenn du im Himmel bist, auf den du dich so gefreut hast, für uns zu beten.

Tagebuch Beate Heinen, Tod Sr. Irmengard, 1979

Was uns trägt

Ulrich || Ich habe schon so viele Menschen begleitet, die von den schlimmsten Krisen geschüttelt wurden, dass ich mich oft gefragt habe, was uns Menschen wohl am besten trägt, wenn es hart auf hart kommt. Dass Beate und ich jetzt so glücklich zusammenleben, heißt natürlich nicht, dass immer alles rosig ist. Wir kämpfen weiterhin mit unseren Schwächen und leben mit den Erinnerungen, die uns ans Äußerste gebracht haben.

Mir war immer und ist bis heute wichtig, dass ich mich nicht ohnmächtig hinsetze und das Schicksal über mich ergehen lasse, sondern dass ich in die Aktion gehe, wenn ich vom Leben scheinbar in die Knie geknüppelt werde. Ich habe nie darauf gewartet, bis jemand kam und etwas für mich tat. Wie lange müsste man da überhaupt warten? – Ich habe selbst etwas unternommen. Mit Gottes Hilfe natürlich.

Beate || Hilf dir selbst, dann hilft dir Gott?

Ulrich || So ungefähr. Ich habe stets versucht, jeder Krise ein Leuchtfeuer entgegenzusetzen. Alles in mir hat sich dagegen gewehrt, mich ausgeliefert zu fühlen. Also bin ich nicht tatenlos dagestanden, sondern habe Wege gesucht. Als gläubiger Christ habe ich mich dabei nie alleine gefühlt, sondern eher geborgen, rückgebunden: Ich bin nicht alleine. Gott ist an meiner Seite. Selbst wenn ich mich allein fühle, bin ich es ja gar nicht. Und: Trotz aller Verantwortung, die ich übernehme, hängt doch nicht alles von mir allein ab. Das entlastet gleichzeitig.

Beate || So empfinde ich das auch. Obwohl ich in solchen Momenten nicht so aktiv sein konnte wie du. Wenn ich am Boden zerstört war, übermannte mich eher eine Phase der Depression, durch die ich erst einmal hindurchmusste, bis ich wieder weitergehen konnte.

Damals beispielsweise, als meine Schwester Gisela ganz plötzlich mit Anfang 60 starb, fiel ich in eine Art Schockstarre. Meine liebe Gisela, mit der ich als Kind und Jugendliche so eng verbunden war, mit der ich ein Zimmer teilte, die auch ins Kloster eintreten wollte, die mein Ein und Alles war, lag eines Tages tot in ihrer Wohnung.

Wir hatten uns über die Jahre voneinander entfernt und erlebten bei aller geschwisterlichen Verbundenheit so manche Spannung. Wir hatten beispielsweise recht unterschiedliche Auffassungen vom Leben und der Welt. Ihr Leben nahm dann im Vergleich zu meinem leider keine gute Wendung. Dabei schien sich anfangs bei Gisela auch alles gut zu entwickeln: Ihr Theologiestudium hatte sie so gut abgeschlossen, dass sie bei dem damaligen Professor Joseph Ratzinger, dem späteren Papst Benedikt XVI., als Assistentin tätig sein konnte. Und sie heiratete. Doch ihre Ehe konnte Gisela nicht den Halt geben, den sie benötigt hätte. Ihr Mann erkrankte früh an Krebs und starb schließlich nach einem langen Leiden. Danach verlor sie weiter an Halt.

Eines Tages kam ein Anruf meiner Mutter, die bei meiner Schwester wohnte, der meine schlimmsten Befürchtungen bestätigte: „Gisela atmet nicht mehr." Gisela war tot. Ich nahm meine Mutter noch am selben Abend mit zu mir nach Hause. Sie verbrachte ihre letzten drei Lebensjahre nun bei mir.

In den ersten Wochen war ich ziemlich niedergeschlagen. Doch dann wurde auch ich – so wie Uli es immer macht – aktiv. Ich kam richtig in Fahrt. Mit Elan und allem guten Willen sorgte ich für meine Mutter. Unsere neue Form des Zusammenlebens war auch nicht belastend für mich. Im Gegenteil. Meine Mutter hatte einen guten Humor, und wir lachten viel.

Ich erinnere mich, dass das schnelle Aufstehen nach einem Verlust mir auch schon Jahre zuvor eine große Hilfe war, als ich in den 1970er-Jahren bei einem Wohnungsbrand mein Zuhause und viele meiner mir lieben Dinge verlor. Ich war wie so oft nach Engelberg ins Kloster gefahren und hatte meiner Vermieterin Bescheid gegeben, dass ich schon am nächsten Tag wiederkommen würde. Ich wollte dieses Mal nicht länger bleiben, sondern nur einen Hund abholen, einen Bernhardiner, der aus dem Wurf der Engelberger Klosterhündin angeboten worden war. Meine Vermieterin hatte in meiner Wohnung bereits den Ofen angeheizt, damit ich es bei meiner Rückkehr warm haben würde. Sie hatte aber wohl so sehr in der Glut herumgestochert, dass es Funken gab, aus denen sich ein Brand entfachte, nachdem die Vermieterin wieder in ihre Wohnung zurückgekehrt war.

Unterwegs hatte ich mich noch entschieden, einen weiteren Stopp bei einer Freundin in Bingen zu machen. Dort erreichte mich dann ein Anruf der Polizei, die mich von dem Brand in meiner Wohnung in Kenntnis setzte. Nicht nur meine Küche, meine ganze Wohnung war nicht mehr bewohnbar. Ich war schockiert – von einem auf den anderen Tag so meine Sicherheit und viele meiner Bilder zu verlieren. Doch letztlich war dieses Erlebnis das Sprungbrett für die nächste Stufe in meinem Leben. Ich durfte weiterziehen in eine schönere Wohnung im Brohltal.

Dort begann für mich beruflich eine sehr fruchtbare Zeit. Ich vertiefte den Kontakt zum Kloster Maria Laach, von dem ich nun regelmäßig Aufträge erhielt. Auch privat veränderte sich meine Welt. Ich schlitterte in ein neues Leben hinein, das Leben einer Geliebten: Ich hatte mich verliebt und wurde schwanger. Meine künstlerische Arbeit, meine Kontakte zu meinen Freunden, doch zuallererst meine Freude an meiner Tochter waren in diesen Jahren mein Anker. In dieser Zeit erlebte ich mein tiefes Gottvertrauen als sichere Burg.

Als dann aber mein lieber Bruder Michael mit Mitte 40 an den Folgen seiner Multiplen Sklerose in München starb, brach für mich erneut eine Welt zusammen. Wieder musste ich aus der Tiefe der Depression heraus. Aber ich wusste, Michaels Zeit des Leidens war nun vorbei. Das tröstete mich.

Ulrich || Ich kenne diese abgrundtiefe Trauer. Als mein Bruder Georg sich das Leben nahm, brach für mich ebenfalls eine Welt zusammen. Doch ich bin ein Mensch, der mit Tod, Trauer, Verlust und Schmerz aktiv umgeht. Ich halte Ohnmacht nicht aus.

Als in den Siebzigerjahren die Drogenwelle von den Niederlanden über die Grenze zu uns nach Kevelaer schwappte, erfasste sie auch meinen lieben Bruder Georg. Da ich damals zu Hause das

Zimmer mit ihm teilte, bekam ich die Veränderung, die sein Wesen durch seinen Drogenkonsum erfuhr, hautnah mit. Georg war ein sehr musischer Mensch, machte mit seiner Gitarre Straßenmusik und hätte ein gutes Leben führen können. Aber die Psychose, in die er rutschte, ließ ihn unberechenbar werden. Unsere jüngeren Geschwister bekamen sogar Angst vor ihm. Meine Eltern waren hilflos. Und mir wurde schon damals die Rolle eines Vermittlers zuteil: Ich war die Verbindung zwischen meinem Bruder und einer „Welt ohne Drogen". Doch oft wusste auch ich nicht, wie ich da helfen sollte.

Ich erinnere mich an ein Wochenende, als meine Eltern und Geschwister einmal verreist waren. Georg hatte kurzerhand alle seine Freunde und Bekannten eingeladen. Erst kamen nur zwei, drei, doch dann wurden es immer mehr, bis am Schluss etwa zwischen 50 und 60 Fremde sich überall in unserem Haus verteilten und Party feierten. Natürlich mit lautstarker Musik, die auch die Nachbarn gehört haben mussten. Mit der Zeit hingen die meisten nur noch herum, rauchten Marihuana oder spritzten sich Heroin. Und ich mittendrin. Ich konnte so natürlich nicht schlafen, obwohl ich am nächsten Tag ein wichtiges Fußballspiel zu bestreiten hatte. Ich lief umher und sah in die „glückseligen" Augen dieser Drogenabhängigen und wusste, dass hier etwas gerade aus dem Ruder lief. Doch was hätte ich tun sollen? Mich selbst stieß der Anblick dieser jungen Leute nur noch mehr von Drogen ab. Ich war nie gefährdet, in diesen Teufelskreis einzusteigen. In diese Welt einzutauchen, machte ich mir eher Angst. Gott sei Dank!

Als meine Eltern wieder zu Hause waren, war klar, dass es so mit Georg nicht weitergehen konnte und durfte. Wir fürchteten alle, dass seine psychotischen Phasen in einem Suizid enden könnten. Sie ließen ihn in die Psychiatrie in Bedburg-Hau einweisen und hofften, dass er dort Hilfe bekommen würde. In den drei Monaten, die er dort verbrachte, besuchte ich ihn häufig von Kleve aus, wo ich zwischenzeitlich meine Ausbildung zum Glasmaler begonnen hatte. Mit dem Fahrrad war die Klinik gut zu erreichen. Hier erlebte ich einen Horror der anderen Art: Georg war in einem Achtbettzimmer in der geschlossenen Abteilung untergebracht. Die anderen Patienten, die die unterschiedlichsten psychischen Probleme plagten, waren einfach zusammengewürfelt worden. Das war nicht der richtige Ort für Georg, das war mir sofort klar. Einmal, als ich zu Besuch kam, zertrümmerte er gerade seine Gitarre, die er dabeihaben durfte, an den Gittern des Fensters. Er musste fixiert werden, sonst wäre Schlimmeres passiert. Er wurde in der Psychiatrie noch „verrückter", als er außerhalb war. „Wir dürfen ihn da nicht lassen", bat ich meine Eltern. Nur vierzehn Tage später erhängte er sich an dem Mirabellenbaum in unserem Garten. Ludger und ich waren gerade nach Taizé aufgebrochen, meine Geschwister zu Besuch beim Kaplan. Nur meine Eltern waren zu Hause, als es geschah. „Bleib im Haus!", schrie mein Vater meine Mutter an, als er Georg baumelnd entdeckte.

Wie sollte es nun nur weitergehen? An der Trauer zerbröselte scheinbar alles, was ich mir so voller Enthusiasmus vorgenommen hatte. Ich war schlagartig orientierungslos und fragte mich: „Wie begegne ich all den Menschen, die kondolieren werden und mich auf der Straße ansprechen?" Kevelaer ist klein – jeder wusste Bescheid. Gemeinsam mit meinen Geschwistern ging ich täglich zum Grab, wir zündeten eine Kerze an, brachten Blumen mit. Da meine Mutter zusammengebrochen war, übernahm ich in vielerlei Hinsicht zunächst ihre Rolle bei den jüngeren Geschwistern. Wie es meine Art ist, wurde ich schnell wieder aktiv. Ich fing an zu malen: Jesus begegnet den Kindern. Und ich unterhielt mich häufig mit unserem Kaplan, mit Freunden und mit den Menschen, die ich aus der Jugendarbeit kannte. Das half mir sehr. Ich fühlte mich durch diese Verbundenheit aufgefangen und getragen.

Langsam wandte ich den Blick wieder Richtung Zukunft. Nein, ich lasse mich jetzt nicht gehen! Ich bleibe nicht in einem Loch sitzen! Jetzt gehe ich meinen Weg erst recht! Der Verlust meines Bruders, sein viel zu früh – und scheinbar sinnlos – beendetes Leben machte mich fast trotzig. *Ich* wollte mein Leben intensiv leben, es in all seiner Fülle ausschöpfen. Ich wollte das Leben gegen den Tod setzen. Das Licht sollte gewinnen, nicht die Dunkelheit.

Der Selbstmord meines Bruders konfrontierte mich nicht das erste Mal mit dem Tod. Schon als Kind musste ich aus nächster Nähe miterleben, wie schnell das Leben erlöschen kann. Ich war acht Jahre alt, als wir wie immer im Sommer mit unserer Familie in die Heimatstadt meiner Mutter im Westerwald fuhren, um dort ihren Bruder mit Familie zu besuchen. Mein Onkel hatte eine Bäckerei und eine Gaststätte mit Hotel. Der Himmel auf Erden für uns: Es roch nach frisch gebackenem Bienenstich, den uns unsere Tante kredenzte. Und immer wieder brachte sie uns Eis, ohne dass wir darum betteln mussten. Konnte man sich als Kind was Schöneres wünschen? – In diese heile Welt platzte eines Tages der Tod. Gerade als ich mir wieder einen dieser wunderbaren Kuchen aus der Bäckerei in den Mund stopfte, stürmte mein Onkel in das Wohnzimmer mit meinem kleinen Cousin Andreas leblos auf seinen Armen. Mir blieb der Bissen im Halse stecken. Er legte ihn behutsam auf das Sofa. Doch noch während wir auf den Notarzt warteten, war uns allen klar, dass Andreas tot war. Er war vor dem Haus, als er über die Straße laufen wollte, von einem Auto erfasst worden.

Der Schreck dieses Moments ist für mich bis heute erlebbar. Die Bilder habe ich heute noch klar vor mir. Auf das Schöne kann schlagartig das Dunkle folgen. Das Leben ist brüchig und voller Gefahren. – Das habe ich in diesem Moment meiner ersten Berührung mit dem Tod und des Verlusts gelernt.

Mit drei meiner Geschwister trug ich den Sarg unseres Cousins zu Grabe. Ich frage mich heute, wie wir das geschafft haben. Ich erinnere mich, dass ich mich damit nicht überfordert gefühlt habe. Vielleicht habe ich auf diese Art und Weise früh gelernt, dass es helfen kann, wenn man Trauer aktiv verarbeitet – im Gehen, im Tun, in Ritualen.

Mein Vater, der ehemalige Ordensbruder, blieb in Trauersituationen immer ruhig. Er hatte seine eigene Art damit umzugehen und sah seine Rolle darin, den anderen, vor allem meiner Tante und meinem Onkel, seelsorgerisch beizustehen. Auch beim Tod seines eigenen Sohnes, Jahre später, habe ich ihn so erlebt: gefasst, stark und tief im Glauben verankert.

Er selbst ist viele Jahre später bei einem Verkehrsunfall verunglückt. Ich war vierzig, im Kloster in Hausen als Oberer voll eingebunden, als dies geschah und mich der Anruf meines Bruders Ludger aufschreckte: Unser Vater sei auf dem Fahrrad zum Gottesdienst in der Basilika unterwegs gewesen, als ihn beim Linksabbiegen ein Motorradfahrer, der wohl von der Sonne geblendet war, übersah und anfuhr. Unser Vater war so unglücklich gestürzt, dass er ein Schädelhirntrauma erlitt. Er war sofort mit dem Hubschrauber in eine Spezialklinik nach Duisburg geflogen worden.

Zwei Jahre lang lag mein Vater nach seinem Unfall, später in die Klinik nach Kevelaer transportiert, im Wachkoma. Er wurde nicht beatmet. Man wartete einfach ab. Meine Mutter ging jeden Tag zu ihm. Aber an seinem Zustand veränderte sich nichts.

Auch ich besuchte ihn mehrfach im Jahr. Ich kannte den Zustand, in dem er sich befand, von meiner Arbeit in unseren klosternahen Einrichtungen. Dort wurden ständig etwa vierzig Menschen im Wachkoma gepflegt. Mir waren die Fragen der Angehörigen vertraut – und die Hilflosigkeit bei den Antworten. Ich kannte die Dramatik des ohnmächtigen Abwartens. Doch nun beim eigenen Vater stand ich auf der anderen Seite, das war noch einmal etwas ganz anderes. Jetzt spürte ich die Ohnmacht am eigenen Leib. Wir konnten einfach nichts tun, nicht helfen.

Auch meine Geschwister waren in dieser Zeit sehr aufgewühlt, und wir alle waren um unsere Mutter besorgt, die ja noch nicht einmal den Tod Georgs überwunden hatte. Sie verfiel immer tiefer in eine Depression. Meine Geschwister wechselten sich in der Fürsorge für sie ab, und ich versuchte aus der Ferne alle zu stützen, mit Gesprächen und Gebeten. Ich glaube, diese traurigen schweren Erfahrungen schweißten uns Kinder noch stärker zusammen. Das war das einzig Positive daran.

Wir alle versuchten auch, unseren Vater in seinem Zustand, so gut es eben möglich war, in unsere Leben mit einzubinden. Meine jüngste Schwester Rita beispielsweise ging nach ihrer Trauung mit ihrem Mann, ihren kleinen Sohn auf den Armen, mit allen gemeinsam ins Krankenzimmer meines Vaters. Sie wollten dieses freudige Ereignis mit ihm teilen. Er hatte die Augen offen, reagierte aber nicht. Ein Zeichen seiner Anteilnahme zu erkennen, wäre zu schön gewesen, um wahr zu sein. Immer wieder hofften wir auf ein Wunder.

Da mein Vater ein sehr frommer und gläubiger Mann war, spielten ihm meine Geschwister oft mit einem Kassettenrekorder aufgenommene Predigten und ganze Gottesdienste vor. Das Vertraute sollte ihn animieren. Doch auch darauf erfolgte keine Reaktion.

So vergingen die Monate. Wir hielten gerade ein Generalkapitel im Kloster in Hausen ab, bei dem wir Franziskaner die Zukunft unseres Ordens diskutierten, als erneut ein Anruf meines Bruders Unheil verkündete: Unser Vater war mit 76 Jahren gestorben. Auch wenn das Generalkapitel sehr wichtig war, ich verließ es vorzeitig und fuhr so schnell wie möglich nach Kevelaer. Mein Platz war nun bei meiner Familie.

*

Es war ein warmer Spätsommertag, als sich Vaters Trauerzug nach der Trauerfeier in der Basilika in Gang setzte. Er führte durch die ganze Stadt, entlang der Fußgängerzone, in der die weiß-gelben

Wallfahrtsfahnen von oben auf uns herabwinkten, bis hin zum Friedhof. Er war nicht nur als Schulleiter, sondern auch als aktives Mitglied der Kirche in Kevelaer so bekannt, dass Hunderte von Trauernden ihn auf seinem letzten Weg begleiteten. Sein Sarg war auf einem Wagen platziert. Während der Prozession war es still in der Stadt. Es fühlte sich fast unwirklich an.

Nach der Beerdigung war unsere Familie im Priesterhaus am Kapellenplatz zum Leichenschmaus eingeladen. Wir waren uns alle einig: Die offiziellen Akte hinderten uns an diesem Tag an unserer eigenen persönlichen Trauer. Aber auch da waren wir alle der gleichen Meinung: Der Abschied hatte ja bereits zwei Jahre zuvor begonnen. Ja, es war für alle eine Erlösung. Nichtsdestotrotz fühlten wir eine große Leere in unserer Mitte.

Ich hatte durch meinen räumlichen Abstand zu Kevelaer schon mit der Zeit etwas Abstand gewonnen, hatte nicht tagtäglich am Krankenbett sitzen können und das lange Leiden meines Vaters mitansehen müssen. Ich hatte deshalb eher die praktische Seite vor Augen: Wie würde es mit meiner Mutter weitergehen? Sie konnte Gott sei Dank bis zu ihrem eigenen Tod acht Jahre später bei meiner Schwester Rita wohnen bleiben.

Beate || Du warst wirklich sehr oft damit in Berührung, wie zerbrechlich unser Leben ist: schwere Krankheiten, plötzliche Todesfälle, schmerzlicher Verlust. All das kanntest du privat wie auch von deiner Arbeit. Immer betraf es die anderen. Damit konntest du offensichtlich gut umgehen, konntest Trost spenden, bestenfalls sogar aktiv helfen. Doch was, wenn es einen selbst erwischt …

Ulrich || Da hast du recht, das ist noch einmal eine ganz andere Dimension, wenn plötzlich die eigene Existenz auf dem Spiel steht! So war es bei mir in dem Moment, als sich ein lästiger Husten laut meines Arztes als Symptom eines Lungentumors herausstellen könnte. „Es war doch nur ein Husten!", dachte ich lange. Nein, der Schatten auf dem Röntgenbild war unübersehbar. Was für ein Schock! Gerade erst war ein Mitbruder bei einer Operation an der Lunge gestorben. Und nun sollte *ich* mich genau der gleichen Prozedur, einer Lungensektion, in Heidelberg unterziehen … Was, wenn das nun meine letzten Tage sind? Soll das mit 47 Jahren jetzt schon mein Leben gewesen sein? Die Todesnähe, die ich bei anderen so oft beobachtet hatte, hatte nun auch mich erreicht. Mein eigener Tod war plötzlich sehr nah.

Mir war klar, wenn das nun wirklich mein Ende sein sollte, wollte ich in einer guten Weise gehen, mein Leben würdevoll abschließen. Ich wollte vorbereitet sein. Hatte ich mir und anderen doch stets jahrelang gesagt: *„Es gibt nur den Moment, das Heute – das ist alles, was wir in der Hand haben. Wir sollten uns keine Sorgen machen, was noch alles passieren kann. Nein! Die Achtsamkeit für den Moment ist alles."* Doch nun wurde beziehungsweise war mir das Heute viel zu kurz.

Ich dachte zurück an mein Leben und empfand eigentlich nur ein Gefühl: Dankbarkeit. Das Wichtigste in diesem Moment war mir, diese Dankbarkeit all denen persönlich auszudrücken, die mich im Leben begleitet hatten. Also schrieb ich Briefe an alle meine Geschwister und an einige meiner Mitbrüder. Andere mir liebe Menschen rief ich an: „Danke, dass du für mich da warst!", „Danke, dass ich mich auf dich verlassen konnte!", „Danke, dass du so viel Schönes mit mir geteilt hast!", „Danke, dass wir immer so gut miteinander lachen konnten!" Die Liste nahm kein Ende: Danke, danke, danke …

Am Tag vor meiner Operation, einem herrlich sonnigen Sonntag, waren meine Geschwister mit meiner Mutter nach Heidelberg gekommen, um bei mir zu sein. Wir besuchten gemeinsam einen Gottesdienst und gingen anschließend gut essen. Ich genoss die Gesellschaft meiner Familie sehr. Was für ein Trost! Ich gewann an Zuversicht, während wir so durch die Altstadt schlenderten: Ich war nicht allein. Selbst am Tag der Operation nicht, denn meine Mutter und Rita waren über Nacht geblieben. Ich wachte nach dem Eingriff wieder auf. Ich war am Leben. Doch nun musste ich auf die Ergebnisse der Biopsie warten.

Neben mir im Zimmer lag ein japanischer Geiger, der eine Krebsoperation hinter sich hatte. Er war Mitglied eines großen Orchesters und übte den ganzen Tag auf einer Pappe Geigengriffe. „Das muss ich machen. Ich darf das nicht verlernen!", sagte er ab und an zu mir. Er war mir damit ein Vorbild: ja, nicht aufgeben, weitermachen, so gut es geht. Doch was konnte ich im Krankenbett tun? Ich malte in der Zeit des Wartens sechs Bilder mit Naturmotiven. Ich verband mich so mit der Lebensquelle. Und wenn ich nicht malte, betete ich. Und das in Gedanken mit meinen Brüdern im Kloster. Das gab mir so viel Vertrauen! Ich wusste: Meine Brüder der großen Franziskaner-Familie denken an mich. Würde ich einmal nicht beten können, würden sie es für mich tun. Ich musste jetzt gar nichts leisten. Ich war einfach aufgehoben und konnte mich fallen lassen.

Nach einer gefühlten Ewigkeit kam endlich der Tag der Wahrheit: Das Gewebe, das man mir entnommen hatte, zeigte keine Krebszellen. Doch das war kein Grund zur Entwarnung, auch wenn mir das im ersten Moment während des Arztgesprächs in den Sinn kam. Im Gegenteil: Bei mir wurde eine lebensgefährliche Autoimmunkrankheit diagnostiziert, das sogenannte Churg-Strauss-Syndrom, bei dem Blutgefäße nach und nach durch eine ständige Infektion abgetötet werden, sodass einzelne Organe nicht mehr mit Blut versorgt werden können. Gegen diese seltene Krankheit gibt es keine Medikamente, sie kann auch nicht wegoperiert werden. Man ist ihr ausgeliefert und muss abwarten, ob Infektionsherde wieder ausbrechen oder nicht. Dies wird durch regelmäßige Blutproben beobachtet.

Die unmittelbare Bedrohung des Todes wich wieder etwas in die Ferne.

Beate || Gott sei Dank!

Ulrich || Ja, aber nach meiner Entlassung aus dem Krankenhaus folgte eine jahrelange Ungewissheit. Würde die Therapie anschlagen? Ständige Untersuchungen, immer wieder das Bangen. Erst nach zehn Jahren ohne weitere Infekte könnte man von einer Heilung sprechen. Zehn Jahre Unsicherheit.

Ein Franziskanerbruder aus unserer Gemeinschaft brachte uns bei seinem 80. Geburtstag zum Lachen mit der Bemerkung: „Alles, was jetzt noch kommt, ist Zugabe." In dieser Haltung sollte man eigentlich jeden Abend zu Bett gehen: Was morgen noch kommt, ist Zugabe. Aber ich empfand das Gegenteil: Denn obwohl die Gefahr eines schnellen Todes erst einmal gebannt war, brach jetzt alles aus mir heraus. Als ich wieder in meinem gewohnten Umfeld war, bekam ich große Angst, da mir mein Zustand erst jetzt wirklich bewusst wurde. Ich hatte zwar keinen Krebs, dafür aber eine andere schwere Krankheit. Wie oft saß ich mit Tränen in den Augen in meinem Zimmer und ließ mein Leben Revue passieren. Ich bereute keine meiner Entscheidungen, aber es gab noch so viel, was ich tun wollte: Ich war gerade im ersten Jahr Generaloberer. Ich wollte umsetzen, was ich angestoßen hatte! Die Aufbruchstimmung, die im Kloster herrschte, weiter miterleben. Und meine Geschwister hatten alle gerade Kleinkinder. Ich wollte meine Nichten und Neffen heranwachsen sehen, miterleben, was aus ihnen einmal wird! Ich wollte sie nicht so früh verlassen!

Immer wenn ich mir ein Worst-Case-Szenario vorstellte, wandte ich mich sofort an Gott. Ich ließ in diesen „Gesprächen" alle meine Gedanken aus dem Herzen fließen. Ich wusste ja, dass ich mich Gott damit anvertrauen, es bei ihm am Kreuz ablegen konnte. Auch die Vorstellung, nein die Gewissheit, dass im Paradies andere auf mich warten, gab mir Kraft, Trost aus dem Glauben heraus. Er war da und trug mich durch die verzweifelten Momente hindurch.

Ich erinnerte mich auch daran, was ich so gerne den Kranken in unserem Haus gesagt hatte: *„Baue dir eine innere Galerie auf, mit Bildern schöner Erinnerungen aus deinem Leben! Wer weiß, ob es einmal einen Moment geben wird, wenn du keine neuen Eindrücke mehr sammeln kannst. Dann bist du vorbereitet und kannst, wann* *immer du willst, von Raum zu Raum wandeln und dich daran erfreuen."* Jetzt war es an mir, diese Bilder in eine innere Reihenfolge zu bringen.

Etwas Gutes hatte meine Krankheit: Ich konnte nun die Leidenden und Sterbenden noch besser verstehen – und vielleicht auch besser begleiten. Der Perspektivwechsel, meine eigene Grenzerfahrung zwischen Leben und Tod, half mir dabei. Ich war ohnehin immer mit dem Tod anderer konfrontiert, doch nun beschäftigte ich mich noch intensiver mit Sterbenskranken und initiierte gemeinsam mit anderen einen ambulanten Hospizdienst im Kreis Neuwied, dessen Vorsitzender ich auch mehrere Jahre lang war.

Kein Mensch sollte allein sterben müssen! Wir müssen dem Sterben noch mehr Achtung entgegenbringen und dadurch das Wertvolle am Leben ins Bewusstsein heben. Ganz nach dem Motto *„Nicht dem Leben mehr Tage geben, sondern den Tagen mehr Leben"* werden dort etwa 130 Sterbende von ehrenamtlichen Mitarbeitern begleitet, bald auch stationär in einem Neubau. Es vergeht kein Tag, dass ich nicht an diese Schwelle denke, an der ich stand und an der die Menschen im Hospiz stehen.

Beate || Ich kannte dich ja damals noch nicht, aber ich wäre in dieser Zeit so gerne für dich da gewesen.

Ulrich || Sicher wäre mir das eine große Hilfe gewesen, andererseits hätte ich mir allerdings auch Sorgen um dich gemacht. Wahrscheinlich hätte ich das Gefühl gehabt, dich gleichzeitig unruhig und traurig zu machen, was mich wiederum zusätzlich belastet hätte.

Beate || Du meinst, wenn man keine direkten Angehörigen hat, keine Ehefrau und Kinder, kann man besser leiden und sterben?

Ulrich || Auf jeden Fall ist man freier loszulassen. Natürlich bieten enge Beziehungen viele Möglichkeiten, vor allem das wunderbare Geschenk der menschlichen Nähe. Meine Partnerin kann an meinem Schweren mittragen, sie geht mit mir Seite an Seite durchs Leben, ich kann mich auch mal anlehnen und mich ausruhen. Aber man hat in einer Beziehung auch mehr direkte Verantwortung. Das ist das Spannungsfeld, das ich erlebe, seit ich mit dir in so einer engen Partnerschaft lebe. Hätte ich allerdings (noch einmal) die Wahl, würde ich mich jedes Mal wieder für die Partnerschaft entscheiden.

Beate || Ich bin überzeugt, Schicksalsschläge lassen sich gemeinsam besser bewältigen als allein. Eine Partnerschaft ist schließlich nicht einseitig, sie ist ein Wechselspiel, bei dem einmal ich dich trage und einmal du mich. Einmal umarme ich dich und ein anderes Mal umarmst du mich.

Ulrich || Da gehört jemand zu mir – ist das nicht ein wunderbares Gefühl? Dass Menschen einander so etwas schenken können? Das ist eine zusätzliche Kraft im Leben, die auch die Liebe zu Gott nicht ersetzen kann.

Beate || Nun sind die zehn Jahre ja Gott sei Dank vorbei und du giltst als geheilt!

Ulrich || Diese Krise ist überstanden – mit Gottes Hilfe. Aber es gibt ja ständig neue Herausforderungen. Ich denke, uns beide trägt durch alle Krisen der Glaube. Und das Vertrauen, dass Gott alle Wege mitgeht, auch wenn es manchmal nur eine tiefe Sehnsucht oder geheimnisvolle Ahnung ist. Wir sind eben nicht allein.

Beate || Ja, aber der ist mir als junge Frau zwischenzeitlich auch mal abhandengekommen. In manchen Situationen helfen auch einfach ein leckeres Pilzomelett und ein Glas guter Rotwein ...

Ulrich || Oder ein langer Spaziergang um den See …

Beate || Gartenarbeit hat mir auch schon durch so manche schwierige Situation geholfen.

Ulrich || Oder einfach ganz still dasitzen und den Vögeln zuschauen …

Beate || Nichts tun fällt dir allerdings nicht immer leicht.

Ulrich || Es fiel mir nicht leicht, von 180 eine Vollbremsung auf 0 hinzulegen und mich irgendwo in der Mitte meiner alten „Leistung" einzupendeln. Im Kloster, als Bruder Ulrich, als Oberer, war ich ständig gefragt, durfte Entscheidungen treffen, gestalten, vorantreiben, leiten ... Doch von dem Moment an, als ich meinen Austritt bekannt gab, übernahmen andere meine Verantwortlichkeiten. Und als ich zu Beate zog, wurde für mich die mir einst offenstehende Welt noch kleiner: keine weiten Reisen mehr, keine großen Kreise, keine Verhandlungen, keine Sitzungen, nur noch selten öffentliche Aktivitäten. Mein Adrenalinpegel wurde schlagartig gedrosselt.

Mich versetzte dieser Lebenstausch deshalb auch erst einmal in eine Krise. Wo war der „wichtige" Bruder Ulrich geblieben? Wie oft schmerzte mir das Herz (und tut es heute noch), wenn ich über die sozialen Netzwerke und meine persönlichen Kontakte in die Gemeinschaft mitbekam, wie eifrig sich die ehemaligen Mitbrüder um die neuen Einrichtungen in Indien kümmern! Es zieht mich dann zu ihnen. Hätte ich Beate nicht kennengelernt, würde ich dort jetzt sogar leben, um junge Menschen vor Ort an unsere Gemeinschaft heranzuführen und sozial tätig zu sein. So eng war ich damit verbunden! Es überkommt mich noch heute eine Sehnsucht und Wehmut, wenn ich daran denke. Da es im Vergleich zum zivilen Leben im Kloster keinen altersdefinierten Ruhestand gibt, hätte ich sicher noch gut 20 Jahre wirken können.

Wie gerne wäre ich auch weiterhin als Franziskaner für unsere Mitbrüder in der Ukraine dagewesen, jetzt wo es ihnen so schlecht geht. Ich kenne das Land gut, war neun Mal dort, um mit ihnen Kindergärten, Jugendräume und andere soziale Einrichtungen aufzubauen!

Beate || Jeder Verzicht hat einen Stachel ...

Ulrich || Als ich zu Beate zog, habe ich nicht nur die Zugehörigkeit zu einer Gemeinschaft aufgegeben. Es hing sehr viel mehr daran. Deshalb habe ich auch so sehr gerungen. Die Waagschalen waren fast gleich voll. Und doch musste ich mich entscheiden. Was ist wertvoller?

Beate || Ist es nicht schön zu wissen, ist es nicht tröstlich, dass das, was du mitgestaltet hast, weiterhin Bestand hat, auch wenn du nicht mehr dafür verantwortlich bist? Du darfst zwar nicht mehr alles ernten, aber du durftest viel säen.

Ulrich || Ja, dieser Gedanke hilft mir und trägt mich, wenn ich wieder einmal unruhig werde und es mir in den Fingern juckt. Aber letztendlich hat mir vor allem geholfen, dass ich die Krise als Herausforderung angenommen habe. Ich habe mich gefragt: Welche Fähigkeiten hat Gott mir gegeben? Wie und wo kann ich in meinem „neuen" Leben damit wirken? Wo kann ich ansetzen? Einen ersten Schritt tun?

Ich habe mich bewusst auf meine Lebenskraft besonnen. Ich wusste, dass ich neue Aufgaben finden musste, die mir entsprechen. Nur wenn ich mit meinem eigenen Leben zufrieden bin, kann ich auch eine ausgeglichene glückliche Beziehung führen. Und ich bin eben ein Mensch, der sich gerne engagiert.

Zuerst beschränkte sich mein Einsatz auf den kleinen Kreis mit Beate. Wir haben einen Anbau an unser Haus geplant und durchgeführt. Hier konnte ich mich wunderbar einbringen. Dieser Anbau war aber nicht nur für unser privates Leben gedacht. Ich wollte auch Raum schaffen, damit Menschen zusammenkommen können, vor allem, um Beate und ihrer Kunst zu begegnen.

Beate || Ohne dich hätte ich so etwas nie gemacht!

Ulrich || Mit der Zeit wurde mir klar, dass das, was ich jetzt anpacke, eine Synthese mit Beates Werk sein sollte. Wir bündeln unsere Fähigkeiten und schaffen etwas Neues. Alles schien sich nun zu fügen und Sinn zu machen.

In dieser fast symbiotischen Kooperation erfahre ich intensiv, was Liebe ist und wirkliche Liebe möglich macht. Auch wenn Beate und ich keine gemeinsamen Kinder haben, wir lieben unser Leben. Und das unglaubliche und unbeschreibliche Glück zu haben, jetzt in einer solchen Familie leben zu dürfen, ist wie ein Stück „Himmel auf Erden!"

Beate || Aber so musstest du auch die dunklen Seiten einer Familienzugehörigkeit wieder miterleben ...

Ulrich || Nur ein halbes Jahr, nachdem ich bei Beate eingezogen war, erlebte unsere nun gemeinsame Familie einen Trauerfall. Unsere schönste Freude, die wir gerade erlebt hatten, sank schlagartig in das Dunkel einer Gruft. Wir hatten gerade den Anbau ans Haus geplant, hatten zuversichtlich in die Zukunft geschaut, als das Leben uns wie vor eine Mauer laufen ließ.

Der Schock nahm Beate die Sprache, riss sie ihr aus der Kehle. Beate begann zu stottern, konnte sich nicht mehr fließend artikulieren. Ich dachte, das sei nur der Schreck, der ihr in die Glieder gefahren war, aber es verschwand mit der Zeit nicht wieder. Im Gegenteil. Beates Sprachhemmung manifestierte sich und hat sich bis heute nicht gebessert.

Beate || Ich war so sehr von meiner Trauer bedeckt, dass ich es selbst gar nicht bemerkte, wie ich stotterte. Erst als Uli mich darauf hinwies, beobachtete ich, wie es immer schlimmer wurde. Es hatte mir wortwörtlich die Sprache verschlagen. Ich war dankbarer denn je, dass ich Uli an meiner Seite hatte, der mich mit allem Mitgefühl der Welt begleitete.

Ulrich || Auf so eine unmittelbare Situation, jemanden aus der Familie zu verlieren, hätte man sich mit aller geistlichen Übung wohl nicht wirklich vorbereiten können. All das warf auch mich aus der Bahn und führte mir wieder unser aller Vergänglichkeit vor Augen. Was heute noch so schön ist, kann schon morgen alles anders sein. Ich ahnte, dass Viktor Frankls „Wer ein Warum zu leben hat, erträgt fast jedes Wie" nun mir galt: Wie gut, dass ich bereits bei Beate war, sie in der Trauer nun halten konnte. Auch das gab mir den Sinn, dass ich das Kloster für Beate verlassen hatte. Sie musste nun nicht allein diesen Schicksalsschlag durchleiden.

Beate || Und die Zweifel am lieben Gott teilte ich wieder gemeinsam mit Uli. Diese Erfahrung schweißte uns noch enger zusammen.

Ulrich || In diesem Moment wurde mir klar: Es braucht ein Zeichen der Verlässlichkeit. Einen Monat später ließen wir uns standesamtlich trauen. Diese gegenseitige Zusage hat uns durch einen der dunkelsten Momente unseres Lebens getragen.

Kunst trägt. Gemeinschaft trägt. Partnerschaft trägt. Familie trägt. Die eigene Initiative trägt. Gott trägt.

Weggedanken

Du trägst und führst
Gibst Grund und Halt
Bist Boden unter meinen Füßen
Meinen Schritt begleitest du
Lässt meinen Fuß zur Ruhe kommen
In Freiheit liegst du mir zu Füßen
Nicht nur für mich
Doch ganz da für mich
Lässt mir die Freiheit
Schritt für Schritt zu wagen
Ob Sand, ob Stein
Dein Sinn ist Weg zu sein.

Ulrich Heinen

Heute habe ich mich erneut auf eine Wanderung begeben. Es war ein ausgedehnter Weg über St. Ulrich, nach Merlach. Gut 15 Kilometer bin ich über Straßen, Wege und frostigen Waldboden gelaufen. Dabei sind mir besonders die zufällig entstandenen Risse, wohl witterungsbedingt, auf den asphaltierten Wegstrecken aufgefallen. Es enstehen auf diese zufällige Weise fantastische Muster, Linienspiele und Netzwerke. Mich haben sie direkt an die großflächigen Kirchenfenster von Hildegard Bienen erinnert, die ich mehrfach während meiner Zeit als Glasmaler mitgestalten durfte. Für mich in meiner jetzigen Zeit der Entscheidung jedoch, zeigten sie mir eher ein anderes Thema auf: Riss – Weg, unterbrochene Leben – Spuren, Schmerz, Vernarbung – Bruchstücke des Lebens – und doch WEG – also begehbar. Alles hat seinen Platz und seinen Sinn.

Dazu fiel mir abends dann der folgende Text von Rilke in die Hände.

„Wolle die Wandlung. O sei für die Flamme begeistert.
Drin sich ein Ding dir entzieht, das mit Verwandlungen prunkt;
jener entwerfende Geist, welcher das Irdische meistert,
liebt in dem Schwung die Figur, nichts wie den werdenden Punkt."

(Aus: Die Sonette an Orpheus, Zweiter Teil)

Und dann habe ich intuitiv das Bild gemalt – und staunte was sich da entwickelt und im näheren Betrachten zeigte. Zwei Menschen, einander zugeneigt – auf dem Weg.

Ulrich Heinen, Januar 2019

Eine merkwürdige Zeit. Im Januar ist nun meine Ausstellung, auf die hin ich noch so viel arbeiten muss und möchte. Gestern rief mich die Gräfin, Yrsa von Leistner an (sie ruft sehr oft an) ..., dass 40 Leute, Künstler, ein Stipendium bekommen für Berlin. Doch da ging es um Theorie und nicht um praktisches, künstlerisches Schaffen, da habe ich abgelehnt. Gestern war ich bei Yrsa von Leistner, die einen sehr schönen Kopf modelliert hatte. Sie bat mich, ihn zu fotografieren. Sie macht im nächsten März eine Reise nach Indien, wo sie den Kopf des Dalai Lama modellieren soll. Sie wird begleitet von der ehemaligen Sekretärin Adenauers, die über Yrsa von Leistners Arbeit einen Artikel schreiben soll, den sie dann in „Der Welt" unterbringen will. Yrsa von Leistner beschwor mich fast, doch auch mitzukommen, um die dazugehörigen Fotos zu machen. Sie redete sich in eine wahre Begeisterung hinein. Irgendwie reizte mich das schon sehr. Vor allem der Dalai Lama. Der Gedanke, dort zu fotografieren und das später dann alles malerisch auszuwerten, hat schon etwas ganz Besonderes – und dennoch, ich fühle irgendwie, dass ich jetzt arbeiten muss. Hier und jetzt und mich nicht verzetteln darf. Vielleicht ist es auch ein Stück Angst, doch einen Traum habe ich, einmal in Rom das Stipendium in der „Villa" zu bekommen. Und irgendwie scheint mir das auch realistisch. Gestern rief mich Emanuel von Severus, Prior der Abtei Maria Laach, an. Ein gutes Gespräch. Wir kamen auch auf die „Villa" zu sprechen und er will sich erkundigen, wie man zu einem Stipendium kommt.

Tagebuch Beate Heinen, 12.11.1977

◀ Beate Heinen, „Selbstbildnis vor dem Spiegel", 1977

Nun ist alles vorbei. Aufregung, Vorbereitung, Einladungen, Bilder-Hängen, Cembalo, Musik von Händel, Ansprache der Gräfin, so viele, liebe, gütige Gesichter, warme Hände, hier und da ein Handkuss von einem galanten Herren älterer Schule auf meine vor Erregung kalten Hände, der kleine Junge, der die Sektgläser einsammelte mit lauter Bahnhofstimme, die Alpenveilchen, die die liebe Frau Barthels mir in die Hände drückte und die mit auf die Pressefotos kamen. Theki, Clemens und Christiane, die mir eine Art „Höhle" waren während der aufregenden Minuten, Verenas strahlendes Lachen beim Mittagessen im Pantry Haus. Die Autokolonne durch Bonn, ein strahlender Wintertag, Sonne, Glitzern, Wohlwollen, Wärme , Freude und Musik .... und so liebe Menschen ... ich hätte nie gedacht, dass eine Vernissage so schön sein kann.

Tagebuch Beate Heinen, 8. Januar 1978

Heute Abend stimmt die Bonner Künstlergruppe darüber ab, ob ich aufgenommen werde. Ich habe mich darum beworben, weil das ein weiterer Schritt nach vorn wäre. Ernemann Sander erklärte mir das Verfahren, wie man aufgenommen wird. Und danach glaube ich nicht, dass es diesmal gelingt. Wenn es nicht klappt, versuche ich es ein andermal. Mittlerweile erhielt ich auch die Zustimmung der Bonner Künstlergruppe, des Bonner Kunstvereins, die mich dann auch nach ihren Beratungen aufgenommen hatte.

Tagebuch Beate Heinen, 31. Januar 1978

Kunst als Lebensquell und Zufluchtsort

Beate || In der Kunst liegt eine Kraft, die sich selbst nicht verbraucht, wenn man sie anwendet. Sie eröffnet im Schaffensprozess ständig neue Möglichkeiten. Aber sie verliert dabei nie an Energie. Ist das nicht erstaunlich? Das ist Gottes Kraft!

Ulrich || Was wären wir beide ohne die Kunst im Leben gewesen? Undenkbar!

Beate || Dass ich ein künstlerisches Talent habe, hat in meiner Kindheit kaum jemand wahrgenommen. Doch es gab eine besondere Erfahrung, die mich seit meiner frühen Kindheit begleitet und unbewusst eine tiefe Kraft in mir wachsen ließ. Ich war vielleicht gerade einmal vier Jahre alt und spielte mit anderen Kindern auf dem Bürgersteig. Mit farbigen Kreidestiften bemalte ich die Pflastersteine, um mich herum staunende Kinder. Eines der Mädchen warnte mich: „Das darfst du nicht, Beate! Wenn die Polizei kommt und das sieht, stecken sie dich ins Kittchen." Doch ich ließ mich nicht stören und malte mit Begeisterung weiter an meinem kleinen Kunstwerk. Plötzlich schrien die anderen Kinder auf, denn sie sahen tatsächlich den Dorfpolizisten auf uns zukommen. Alle liefen vor lauter Angst weg, nur ich zuckte mit den Schultern und blieb neben meinem Bild stehen. Als der Polizist auf mich zukam, stockte mir schon etwas der Atem. Der Polizist stellte sich nahe vor mich und schaute mich eindringlich an. „Na, Kleine, was machst du denn da?" Ich antwortete ängstlich: „Muss ich jetzt ins Kittchen?" – „Warum denn das?" Der Polizist war offensichtlich verdutzt „Ich habe doch den Bürgersteig bemalt, was man eigentlich nicht darf." In diesem Moment machte er einen Schritt zurück und schaute meine Zeichnung auf dem Boden etwas genauer an. „Hast du das ganz allein gemalt?", fragte er mich mit sanfter Stimme. „Wirklich, du?" Ich nickte kräftig und schaute ihn ängstlich an. Und dann kam seine wunderbare Antwort: „Das ist wunderschön! Dafür spendiere ich dir ein Eis!"

Was für eine Erleichterung! Und was für eine himmlische Belohnung! Wenn ich heute an diese Szene zurückdenke, spüre ich immer noch die Freude von damals und mein Gesicht fängt an zu strahlen. Das war mein erstes Honorar!

Dieses Erlebnis ist eine meiner wenigen Erfahrungen aus der Kindheit, bei der ich mit meiner Malerei Aufmerksamkeit und Anerkennung erhielt.

Es gab andere in der Familie, auf die das Augenmerk gerichtet war: meine Tante, die mit der Färberei von Textilien, dem Batiken, sehr erfolgreich war, und ihre Tochter, meine Cousine, das „Glückskind", wie sie genannt wurde, die alle Erwachsenen für ihr malerisches Talent in den Himmel lobten. Ich stand da eher im Schatten und traute mich gar nicht so heran an das, was in mir schlummerte. Ich fühlte mich durch das Vergleichen sehr gebremst und dachte: „Ich kann das nie so gut wie sie!"

Als künstlerisches Wunderkind nahm man mich also ganz und gar nicht wahr. Im Gegenteil: Ich wurde diesbezüglich kaum beachtet. Lange Zeit blieben mir nur die sporadischen Komplimente meiner Klassenkameradinnen, wenn sie Bilder von mir sahen. „Das ist aber schön!", sagten sie dann und schauten gleich wieder woandershin.

Doch so langsam wuchs in mir ein Selbstbewusstsein heran. Als 14-Jährige durfte ich beispielsweise die Karnevalskostüme meiner Mitschülerinnen für eine Party bemalen. Wir hatten uns Kleider aus einem einfachen hellen Leinenstoff genäht, die ich gestalten durfte. Auf diesen „lebenden Leinwänden" konnte ich nun nach Herzenslust meiner Fantasie freien Lauf lassen. Da staunten alle, wie gut die aussahen. Zum ersten Mal bekam ich von meinen Freundinnen für meine Kunst Aufmerksamkeit und Anerkennung. Das ermutigte mich, und ich spürte mit der Zeit, dass ich etwas besonders gut konnte: malen.

Ich strengte mich von da an, mit meinem Talent etwas mehr in den Vordergrund zu treten, mich mehr damit zu zeigen. Als Jugendliche malte ich ständig, gerne abends zu Hause am Tisch, wo wir alle gemeinsam als Geschwister saßen. Die eine sang, der andere las und ich malte. Da erwähnten meine Eltern mich auch des Öfteren lobend: „Guck mal, was die kann!"

Mit der Zeit sprach sich mein Talent herum. So bekam ich eines Tages von unserem Pfarrer das Angebot, ein Fenster im Gemeindehaus malerisch zu gestalten. Mein erster Auftrag! Als das Fenster fertig war, erschien sogar ein Artikel in der Zeitung darüber, mit Foto von mir. Das machte mich so stolz, dass ich mich immer mehr bestätigt darin fühlte, dass das Malen wohl mein Weg sein könnte. Selbst mein Vater traute mir nun so viel zu, dass ich eins seiner botanischen Bücher illustrieren durfte. Und auch meine Mutter pflichtete ihm bei: „Die kann das!" – Wie sehr habe ich mich damals darüber gefreut! Und weil irgendwann niemand mehr in der Familie fürchtete, ich könnte sie verschandeln, durfte ich eine ganze Wand im Haus bemalen – mit allen möglichen Urtieren.

Als ich 16 Jahre alt war, engagierte ich mich als Pfadfinderin sozial und putzte eine Zeit lang das Haus eines alleinstehenden Mannes. Bei ihm hingen viele schöne Kunstwerke. Ich erzählte ihm, dass ich auch male. „Wirklich? Dann bring doch mal ein paar deiner Bilder mit. Ich würde sie mir gerne anschauen", ermunterte er mich. Als er meine Mappe das nächste Mal begutachtete, war er vollkommen begeistert. „Du hast Talent!" Er meinte, ich solle unbedingt die Werkkunstschule in Köln besuchen.

Das klang faszinierend. Ich wollte sowieso nach der Mittleren Reife von der Schule abgehen. Also bewarb ich mich dort mit 25 meiner besten Bilder und wurde als einzige Bewerberin, die noch nicht das Mindestalter von 18 Jahren erreicht hatte, aufgenommen. Zwei Jahre lang hatte ich nun die Möglichkeit, mich in allen möglichen künstlerischen Disziplinen auszuprobieren: Malerei, Grafik, Bildhauerei. Ich war in meinem Element. Endlich!

Täglich radelte ich über die Rheinbrücke zur Werkkunstschule und hätte glücklicher nicht sein können. Denn hier wurde ich geschätzt und anerkannt. Ich richtete mein ganzes Leben auf die Kunst hin aus. Und mein Professor lobte regelmäßig meine Entwicklung. Doch in welchem Bereich genau wollte, sollte ich mich weiterqualifizieren? Am liebsten in allen gleichzeitig!

Ulrich || Auch ich wurde etwa im selben Alter, mit 15 Jahren, zum ersten Mal künstlerisch gefördert. Ich hatte einen Malwettbewerb gewonnen, bei dem mir ein Fernstudium in Kunst geschenkt wurde. Zwei Jahre lang bekam ich nun regelmäßig per Post, so war das damals, Aufgaben zugesandt, die ich, kaum hatte ich sie erfüllt, wieder zurückschickte. Experten begutachteten daraufhin meine Kunstwerke, und ich erhielt Rückmeldungen, wie ich mich verbessern könnte. Das war sehr reizvoll für mich, nur gleichsam wurde die Schule immer langweiliger.

Schon lange davor habe ich angefangen, mich für die Kunst zu interessieren. Album um Album beklebte ich mit Artikeln und Postkarten berühmter Künstler, sammelte Informationen über Im- wie Expressionisten, Künstler der Moderne und vertiefte mich darin. Selbst gemalt habe ich während meiner Kindheit hindurch auch sehr viel. Aber das schien damals für niemanden der Rede wert zu sein. Für mich hingegen schon! Noch heute besitze ich meine kleine Sammlung von etwa 50 Kinderbildern.

Als ich nach der elften Klasse von der Schule abging, beschäftigte ich mich immer intensiver mit Kunst, kam in Kontakt mit Galeristen und zimmerte mir meine Leinwände aus Holzlatten und alten Betttüchern selbst. In einem eigens für mich freigeräumten Kellerraum, meinem Atelier, durfte ich nun ungestört arbeiten. Ab und an kam mein Vater mit Besuch in meine Gefilde: „Mein Sohn malt gern!" Er zeigte dabei stolz auf mich, wie ich hinter meiner Staffelei hervorlugte.

Für mich gab es zu dieser Zeit nur noch Fußball und Malerei. Ich zog es sogar in Erwägung, mich an der Kunstakademie Düsseldorf zu bewerben. Doch mein Vater legte sein Veto ein. Ich müsse erst eine solide Ausbildung machen, bevor ich mich auf so dünnes Eis wie die freie Kunst wagen dürfe. Da es in Kevelaer und Umgebung eigentlich nur zwei künstlerische Handwerkszweige gab – die Goldschmiedearbeit und Glasmalerei –, entschied ich mich für den letzteren. Ich begann meine Ausbildung als Glasmaler in einem Betrieb in Goch. Im Kunsthandwerk …

Ja, und das war mehr Handwerk als Kunst. Meine Kräfte waren so sehr in der Ausbildung gebunden, dass nicht mehr viele für meine eigenen künstlerischen Ambitionen übrig blieben. Ich malte immer weniger …

Kaum hatte ich die Ausbildung abgeschlossen, kam der Zivildienst und damit neue Aufgaben, neue Eindrücke. Dort weckte die Arbeit mit behinderten Menschen meine Aufmerksamkeit. – Das könnte etwas für mich sein! Schon damals hatte ich die Idee, Kunst mit therapeutischer Arbeit zu verbinden.

Obwohl die Kunst mein Leben bis heute durchzieht, spürte ich bereits damals doch auch immer deutlicher, dass ich kein Künstler bin. Ich habe zwar Freude am Malen, aber ich teile nicht die Leidenschaft, die Beate spürt, sich kontinuierlich künstlerisch ausdrücken zu wollen. Wichtiger als die Kunst war es mir, bei den Franziskanern einzutreten.

Beate || Auch ich stellte die Kunst hintenan, als ich ins Kloster eintrat. Doch Gott sei Dank boten sich mir dort bald neue Möglichkeiten, beides zu leben. Kunst und Religion wurden für mich sogar zu einer Art Synthese: Ich konnte meinen Glauben in der Kunst ausdrücken und meine Kunst bekräftigte meinen Glauben und stärkte zugleich meine Zugehörigkeit zur Klostergemeinschaft. In meinen ersten vier Klosterjahren entstanden so unzählige Kunstwerke von mir, die das Kloster brauchen und vermarkten konnte: Fenster, Karten, Bilder. Ich war wohl schon gut, irgendwie. Gut genug.

Doch erst in der Werkkunstschule in Luzern, wo ich studieren durfte, entwickelte ich mich in Quantensprüngen. Unser Direktor, der surrealistische Schweizer Künstler Max von Moos, war ein außergewöhnlicher Lehrer. Er verhalf nicht nur mir aus meinem Kokon. Er ermutigte uns alle sehr, frei zu arbeiten, konsequent den eigenen Stil zu entwickeln, nicht nur klassisch akademisch zu parieren. Meine Illustrationen begeisterten ihn ganz besonders. Unter seinem Einfluss entstanden einige meiner expressionistischsten Christus-Zeichnungen. Den leidenden Christus – ohne das Heil im Vordergrund – darzustellen, war damals noch nicht en vogue.

Während meines Studiums wohnte ich zuerst bei den Dominikanerinnen St. Agnes in Luzern und war frei, wann immer ich Kurse hatte, in die Schule zu gehen. Ein wunderbares Leben! Nur auf die Studienreise mit meinen Kommilitonen ins Ausland wollte ich nicht mitfahren. Reisen war schon immer etwas Schreckliches für mich. Doch nach einiger Zeit lernte ich die Benediktiner in der Abtei Engelberg in der Nähe von Luzern kennen. Da begegnete ich auch Abt Leonard, der mir ermöglichte, eine weitere Zeit lang in der Schweiz meine Studien fortzusetzen.

So bekam ich etwas später die Gelegenheit, tiefer in das Leben und die Möglichkeiten im Kloster Engelberg einzutauchen. Ich durfte mit drei wunderbaren Benediktinermönchen, die allesamt Künstler waren, zusammenarbeiten: Pater Karl Stadler, dessen Wandmalereien und Glasfenster in Kirchen, Klöstern und auf öffentlichen Plätzen in der ganzen Schweiz vertreten sind, dem Schreiner und Bildhauer Xaver Ruckstuhl und dem Multitalent Eugen Bollin. Sein Werk umfasste Ölmalerei, Zeichnungen, Kohlezeichnungen, Holz- und Linolschnitte, Lithografien, Wandmalerei, Installationen und Lyrik. Diese Kontakte und Begegnungen waren für mich Inspiration pur und haben mich in meiner künstlerischen Entwicklung mitgeprägt.

Ulrich || Auch mein Klosterleben war durchwoben von der Kunst und den Kontakten zu Künstlern. Als Novize durfte ich die Weihnachtskarten des Klosters gestalten und den Fasnachtswagen des Klosters für den Umzug bemalen. Zwar gehörte die Kunst nicht zu meinen Hauptbeschäftigungen, das wäre mir als Oberer später ja auch zeitlich gar nicht möglich gewesen, doch ich malte kontinuierlich weiter, und es fand hin und wieder eine Ausstellung mit meinen Werken statt.

In besonderer Erinnerung geblieben sind mir allerdings zwei Jahre, in denen ich das Glück hatte, einen bekannten Künstler aus Neuwied begleiten zu dürfen. Er war an Parkinson erkrankt und wir pflegten ihn in unserem St. Josefshaus. Als Leiter der Einrichtung konnte ich mir die Zeit einteilen und solange es ging, arbeiteten wir zwei Mal in der Woche in meinem kleinen Atelier zusammen. Dieser Raum war für mich ein besonderer Raum. Unter dem Dach des Klosters hatte ich mir meine kleine künstlerische „Einsiedelei" einrichten dürfen. Mein Künstlerfreund war mir eine große Inspiration und die Zeit war sehr fruchtbar für mich. Wann immer er mich lobte, war ich sehr stolz. Nach und nach kamen auch noch weitere Bewohnerinnen und Bewohner der Einrichtung zu mir ins Atelier. So konnte ich immer mehr Menschen für die Kunst begeistern.

Letztlich hatte für mich die Kunst immer einen Zweck zu erfüllen. Und so wuchs die Idee der Kunsttherapie in mir weiter.

Beate || Nach meinem Austritt aus dem Kloster tauchte ich in die freie Künstlerwelt ein, in der schon gesellschaftliche Themen diskutiert wurden, die sich in meinen Bildern womöglich widerspiegelten, aber auf die Idee, mit Kunst zu therapieren, wäre ich damals nicht gekommen. Trotzdem blieben der Glaube und das Theologische weiter Teil meiner Arbeiten, selbst als ich in den Kunstverein „GEDOK" aufgenommen wurde. Die „Gemeinschaft deutscher und österreichischer Künstlerinnen und Kunstfreundinnen" wurde 1926 gegründet und ist bis heute das älteste und mit über 2750 Mitgliedern das europaweit größte Netzwerk für Künstlerinnen aller Kunstgattungen. Eine Freundin hatte mich mit in die Gruppe genommen. Doch um ein Mitglied zu werden, musste ich zuerst Bilder einreichen, eine Art Bewerbungsmappe. Über die entschied dann der Vorstand. Als ich den Anruf mit der positiven Antwort erhielt, war ich sehr stolz. Die Aufnahme in den Verein war für mich eine wichtige Bestätigung als Künstlerin. Hier bekam ich nicht nur von anderen Künstlern Anerkennung, sondern wir inspirierten uns auch gegenseitig. Bei unseren regelmäßigen Treffen in Bonn philosophierten wir über Kunst und organisierten Ausstellungen in ganz Deutschland. Bei GEDOK fand ich auch künstlerisch meine ganz eigene Art mich auszudrücken – Realismus ist für mich seither nur eine Hülle für den Symbolismus.

Hier lernte ich einige bis heute tätige und bekannte Künstlerinnen und Künstler kennen Als ich dann auch erste Spruchkarten für das Kloster Maria Laach entwarf, entdeckte ich eine weitere Möglichkeit, den Glauben Menschen weiterzugeben. Aber eben nicht ausschließlich. Auch meine anderen Arbeiten wurden wahrgenommen. Und so wurde die Kunst als solche, meine Kunst, zu einem Beschleuniger, mit der Kunst auch in die Selbstständigkeit zu gehen. Denn immer häufiger erhielt ich Anfragen für Auftragsarbeiten, durfte nicht nur Bilder und Fenster gestalten, sondern ganze Eingangshallen von Seniorenheimen, Krankenhäusern oder anderen Einrichtungen. Aber auch Kreuzwege. Und als ich dann den Vertrag für die Rubrik *„Nachgedacht"* in der Rhein-Zeitung erhielt, fühlte ich mich als Künstlerin fest im Sattel. Sechs Mal in der Woche, seit nun schon über 30 Jahren, erscheint in dieser Tageszeitung eine Grafik mit Bild und Text, einem klugen oder lustigen Spruch von mir. Lebensweisheit in Kunst getaucht: So finanzierte ich mir mein Leben.

Der Zeitungsverlag war durch meine Spruchkarten auf mich aufmerksam geworden. Und so wurde ich eines Tages gefragt, ob ich eine kleine Grafik mit Texten für die tägliche Ausgabe der „Rhein-Zeitung" gestalten wolle. Ich holte tief Luft und sagte voller Gottvertrauen zu. Diese grafische Arbeit eröffnete mir einen sehr breiten Zugang zu vielen verschiedenen Menschen. Noch heute werde ich angesprochen, ob ich *die* Beate Heinen aus der Rhein-Zeitung sei. Für viele gehört meine Grafik in der Rhein-

Zeitung zum Morgenritual einfach dazu – so wie Kaffee und Brötchen. Die passenden Texte suche ich selbst aus, doch mir werden auch lustige und nachdenkliche Weisheiten von Zeitungslesern zugeschickt. Ich erinnere mich an Zeiten, in denen meine Ideen zu den Sprüchen schneller kamen, als ich sie umsetzen konnte. Es ratterte richtig in meinem Kopf. Natürlich nehme ich auch Bezug auf Aktuelles oder geschichtliche Ereignisse, wenn es möglich ist. Einer meiner persönlichen Lieblingssprüche ist: „Richte nicht über einen Menschen, ehe du nicht sechs Monate in seinen Mokassins gegangen bist." Einige der Weisheitssprüche erwachsen aus meinem eigenen Erleben. So zum Beispiel: „Ein Ehejubiläum ist nicht so sehr ein Grund zur Überreichung der Tapferkeitsmedaille als vielmehr ein Tag der Dankbarkeit für die Gnade der richtigen Wahl."

Ich hätte nie gedacht, dass dieser Gedanke, den ich vor über 20 Jahren formuliert habe, für mich persönlich solch eine Bedeutung erhalten würde.

Ulrich || Und der Ruhm blieb nicht aus. Vor allem für deine Weihnachtsbilder für Maria Laach, jedes Jahr eins, das dann tausendfach als Karte um die Welt geht.

Beate || Dieses Bild liegt mir natürlich jedes Mal besonders am Herzen. Ich lasse alles hineinfließen, was im vergangenen Jahr relevant war: Gesellschaftliches, Politisches, Persönliches und Religiöses. Was mich beschäftigt, möchte ich malen.

Die biblischen Bezüge sind für Weihnachten offensichtlich und recht leicht herzustellen, aber was uns als Gesellschaft bewegt, ist oft so unfassbar komplex, dass ich dafür viel Zeit brauche. Das schüttele ich mir auch nicht aus dem Ärmel. Andererseits: Ein Atommeiler ist ein Atommeiler. Wenn ich den male, ist eigentlich alles gesagt.

Das Weihnachtsbild mit dem Atommeiler entstand 2011 im Jahr der Atomkatastrophe von Fukushima. Dem schrecklichen Geschehen und der Bedrohung für so viele Menschen wollte ich die „Nacht der Lichter" entgegensetzen. Kein Schrecken und keine noch so unfassbare Bedrohung können das Licht von Weihnachten löschen.

Auch Privates bringe ich in die Bilder ein. Ich fange dann meist an, die Bezüge schon in meinem Innern in ein Bild hineinzumalen, bevor es überhaupt entsteht. Ich habe so meine Familie bereits mehrfach als Bild gemalt oder in Bilder hineingemalt. Meist war die Szene schon in meinem Kopf vorhanden. Manchmal mache ich aber auch Fotos, um mich später ganz intensiv mit dem Anblick noch einmal auseinanderzusetzen. Alle meine Familienmitglieder und alle Menschen, die zu mir gehören, tauchen irgendwo in meinen Bildern auf, auch meine Enkel. Wie eine lebendige Galerie, die ich immer in mir trage.

Ich arbeite gerne mit realistischen und stark grafischen Elementen, auch Symbole und Sprache spielen in vielen meiner Bilder eine große Rolle. So malte ich ein Bild mit einem schwarzen Raben, als mein Bruder Michael gestorben war. Auf diese Art und Weise zu malen, ist für mich auch eine Seelenpflege. Ich verarbeite biografische Elemente in meiner Arbeit, nicht nur im Weihnachtsbild. Malen ist für mich die Medizin, die ich brauche, um in Ordnung zu kommen, zurande mit dem zu kommen, was das Leben mir zumutet.

Nachdem ich beispielsweise damals meine Tochter geboren habe, entstand – das ist nicht erstaunlich, wohl eher selbstverständlich – ein Bild mit einer Mutter mit Kind.

Selbst mein Heimweh nach dem Kloster, das mich manchmal packt, ist in so manchem Bild versteckt – oder eben auch ganz offensichtlich zu sehen. Je nachdem.

Zu den Höhepunkten meines Lebens als Künstlerin gehört jedoch sicherlich das Porträt von Katharina Kasper, für das ich 2018 mit Uli sogar nach Rom gereist bin.

Ulrich || Beate hatte ein Porträt der Westerwälder Gründerin der Dernbacher Schwestern, die sich ihr Leben lang um Arme und Waise gekümmert hatte, gemalt. Bischof Georg Bätzing aus dem Bistum Limburg hatte Beate zu diesem Auftrag verholfen. Beate sollte ein Porträt von ihr malen, das im Vatikan zum Anlass ihrer Heiligsprechung ausgestellt werden sollte. Ich habe Beate damals ermutigt, diesen wichtigen Auftrag anzunehmen. Schließlich war es eine große Ehre, dieses Bild zu malen.

Beate || Ich war zu der Zeit sehr verunsichert, denn man hatte bei mir eingebrochen und ich wagte mich zu der Zeit kaum, vor die Tür zu treten, geschweige denn konnte ich mir vorstellen, eine weite Reise zu unternehmen. Doch ich bin heute sehr froh, dass ich mich der Herausforderung gestellt habe. Ich habe die Arbeit an dem Bild einer Heiligen für den Vatikan als große Verantwortung empfunden. Ohne Ulrichs Zuspruch hätte ich aber vielleicht einen der bedeutendsten Aufträge meines Lebens abgelehnt.

Ulrich || Für die Feier der Heiligsprechung war an der Fassade des Petersdoms ein großes Banner mit Beates Bild von Schwester Katharina Kasper aufgehängt. Ich war sehr stolz auf Beate. Ihr Bild hing groß gedruckt am Petersdom.

Beate || Auch in diesem Bild drückte ich meine persönliche Sehnsucht nach dem Habit aus. Am wichtigsten ist mir jedoch bis heute, dass ich in jedem Bild auf die eine oder andere Weise die Verkündigung des Reich Gottes, der Hoffnung, des Heils zeige. Damit baue ich den Menschen eine Brücke, nicht nur zu Gott, sondern auch für das Gespräch mit mir. Atelierbesucher beispielsweise, die gelegentlich zu uns kommen, fühlen sich dadurch meist ermutigt, sich mir zu öffnen.

Ulrich || Trotz allen Schreckens, trotz aller Dunkelheit, trotz aller Schwierigkeiten – da ist ein Licht! So lässt sich vielleicht eine der Hauptbotschaften von Beates Bildern zusammenfassen.

Beate || Das hast du schön formuliert!

Ulrich || In meinem Lieblingsbild von Beate ist diese Botschaft für mich besonders deutlich: Josefs Traum. Da sieht Josef im Traum all die schwiergen Aufgaben, denen er sich bald zu stellen hat. Aber sein Finger deutet auf einen hellen Stern, den Stern über der Geburt Jesu. Vielleicht ist mir der heilige Josef eben deswegen so nahe, weil er sich nicht scheut, in Aktion zu gehen, wenn es eng oder schwer wird.

Kunst als Türöffner – das ist auch der Ansatz der Kunsttherapie. Meine Kunst ist mir zwar wichtig, und es ist mir schwergefallen, meine meist großformatigen Bilder im Kloster zurückzulassen. Viele meiner Bilder konnte ich über die Jahre in unserer Einrichtung aufhängen, ihnen einen Platz geben. Wie oft bin ich in den 40 Jahren über die Flure unseres Klosters gegangen. Und wie oft war es für mich eine Freude, meine Bilder so auch der Öffentlichkeit zugängig machen zu können. Auch mir selbst hat es gefallen, ihnen immer wieder zu begegnen und Farbe ins Leben unserer Bewohner zu bringen. Da die Bilder nun Eigentum des Klosters sind, konnte ich sie nicht mitnehmen, als ich die Franziskaner verließ. Hängen sie wohl noch an den Wänden? – Doch mein Herz schlägt eigentlich dafür: Menschen durch die Kunst näherzukommen, für sie da sein zu können, auch geistlich. Denn jedes Bild, das wir malen, gibt uns die Möglichkeit, in Kontakt mit anderen Menschen zu kommen. Es ist ein Kraftfeld, aus dem neue Energie entsteht, das verborgene Ressourcen mobilisiert und sie uns überhaupt erst ins Bewusstsein (zurück)bringt. „Schau mal, was in dir steckt! Es ist da, auch wenn du es lange nicht gespürt hast."

Die therapeutische Arbeit mit Kunst zeigt den Menschen genau dieses Licht, diesen Stern über Bethlehem: „Bei allem, was katastrophal ist, was dir das Aufstehen morgens erschwert, gibt es doch Hoffnung. Veränderung ist möglich. Nimm dich selbst in den Blick! Mach dir bewusst, wie wertvoll du bist! Bleib dran an deinem persönlichen Lebensbild! Du hast Ansehen, denn du bist im Blick Gottes, weil du wertvoll bist."

Das gilt genauso für mich. Was ich bereits ein Leben lang in mir trug, was immer wieder anklang, wurde erst konkret, als Beate und ich uns einen Bereich suchten, wo wir uns öffentlich und auch als Paar zeigen konnten. Wir suchten nach einer Tätigkeit, der wir über einen gewissen Zeitraum gemeinsam nachgehen konnten. Eine Art Alibi, um unsere Beziehung nicht nur in Beates Haus oder im Urlaub weit weg von zu Hause zu leben, sondern wo wir uns auf einem neuen Terrain begegnen wie auch besser kennenlernen konnten. Es musste etwas sein, was uns beide verband, eine Schnittmenge, etwas, das mit meiner Arbeit im Kloster in Verbindung zu bringen wäre – Kunst, Seelsorge, Fortbildung, ... So etwas wäre am einfachsten für mich vor meiner Gemeinschaft zu rechtfertigen. Denn natürlich hatten meine Mitbrüder mitbekommen, dass ich mit Beate in einer freundschaftlichen Beziehung stand. Und wer weiß, wie viele von ihnen ahnten, dass es schon lange mehr als das war. Sie freuten sich sogar, wenn Beate wieder einmal bei uns im Kloster zu Gast war. Außerdem durfte mich das Gemeinsame, wonach wir suchten, nicht in Vollzeit einbinden, ich hatte ja noch viele andere Aufgaben. Und es musste für uns beide gut erreichbar sein, nicht zu weit weg von unseren Wohnorten.

Als uns eine Bekannte auf die Möglichkeit einer Fachausbildung der Kunsttherapie aufmerksam machte, waren wir sofort Feuer und Flamme: Das war es! Vier Jahre lang, zehn Wochenenden pro Jahr, ein Wochenseminar – diesen Umfang an Seminareinheiten konnte ich in meinen Zeitplan ohne größere Schwierigkeiten einbauen. Wir waren manches Mal mit unseren etwa elf Kommilitonen sogar bei mir im Kloster zu Besuch. Alles ganz offiziell.

Die Ausbildung zu Kunsttherapeuten war für uns beide mit einer tiefgründigen Biografiearbeit verbunden. Denn um Therapeut zu werden, muss man sich erst einmal mit seiner eigenen Biografie auseinandersetzen, mit ihr so gut wie möglich ins Reine kommen. Und natürlich, denn das war ja mit Sinn und Zweck des Ganzen, war auch unsere Beziehung Thema.

Wir traten im Kurs anfangs nicht als Paar auf. Allerdings war es Beate, die das schnell forcierte, indem sie meine Hand nahm, zum Beispiel, wenn wir zum Essen gingen. Sie war es auch, die unsere Beziehung vor den anderen thematisierte. Das war mir anfangs eher unangenehm. Ich für meinen Teil war sehr zurückhaltend und eher distanziert, blieb erst einmal in meiner Rolle als Bruder Ulrich, wollte nicht als Partner von Beate wahrgenommen werden. Ich fühlte mich von Beates Verhalten daher etwas überrumpelt. Man könnte sagen, Beate war mir immer drei Worte voraus und hat mich, hat uns in der Runde der Kursteilnehmer „geoutet".

Beate || Ich fühlte mich einfach schon viel freier als Ulrich. Für mich war er von Anfang an mein Mann. Dass wir endlich, nach vier Jahren, öffentlich als Paar auftraten, war mir sehr wichtig. Und als wir uns dann dort so zeigen konnten, war das für mich einfach wunderbar. So muss das Leben sein, dachte ich mir.

Ulrich || Zumindest waren wir nach der Ausbildung in unserer persönlichen Entwicklung wie in der als Paar einen großen Schritt weitergekommen.

Gemeinsam zu malen, ist allerdings bis heute nicht unser Ding. Wir haben es ein paar Mal probiert, aber da kamen wir doch schnell an unsere Grenzen. Wir sind da sehr verschieden. Ich gehe eher impulsiver ans Malen, weniger auf die Botschaft bedacht und weniger konzipierend. Ich will einfach durch Farbe Freude vermitteln und sie selbst spüren. Für mich bedeutet Kunst in erster Linie Sinnlichkeit. Ich möchte, dass Kunstwerke meine Seele berühren, dass ich aufatmen kann. Eigentlich möchte ich von Kunstwerken beglückt werden. Ich bin da sicherlich noch stark von meiner Arbeit als Glasmaler geprägt: schwarze Konturen, die die Farbelemente eines Kunstwerks betonen, starke Formelemente. Ich liebe Landschaftsbilder oder ganz abstrakte Kompositionen.

Beate dagegen hat einen viel höheren Anspruch an ihre Bildsprache und an Details, die sie im Bild unterbringt. Ihre Bilder haben meist einen sakralen Charakter.

Auch habe ich mich beim gemeinsamen Malen immer gefragt: Wo bleibe ich im Bild? Und was ist Beates Anteil? Wer dominiert? Einer musste stets zurückstecken. Und wenn es dann nicht weiterging, hat Beate nicht selten die Arbeit an einem Bild mittendrin abgebrochen. Natürlich kann ich ihr künstlerisch nicht das Wasser reichen. Bei allem, was für uns als Paar möglich ist, so gibt es nun doch auch Grenzen. Beim Malen behalten wir besser unsere Eigenständigkeit: zusammenleben, aber getrennt malen. Trotzdem bin ich heute gerne derjenige, der Beate bei ihren Arbeiten unterstützt, sie begleitet, ermutigt und ihre Bildsprache inspiriert.

Beate || Ich habe meine ganz eigene Art zu malen. Ich beginne immer mit einem Gebet. Der Heilige Geist ist nämlich mein bester Freund. „Ich vertraue mich dir an!", sage ich dann und lege mir alle Tuben und Pinsel so zurecht, dass ich später nicht mehr danach suchen muss. Nachdem so alles gut organisiert ist, kann es losgehen. Diese Art der Vorbereitung ist essenziell für mich. Ich brauche also eine gewisse Ordnung um mich herum. Anschließend ist da einzig das Thema in meinem Herzen, das mich besonders beschäftigt, eine Intuition mit wachem Blick auf die aktuellen Themen der Zeit. Ohne Konzept. Ohne Schemata im Kopf. Vielmehr kommt dann alles aus dem Herzen unweigerlich ins Bild. Doch – und das ist mir sehr wichtig – in keinem Bild darf ein Hinweis auf meinen Glauben fehlen, entweder konkret oder symbolisch – zum Beispiel die Hand des Schöpfers, der Baum des Lebens, die Mutter Gottes, …

Dann folge ich meinem eigenen Muster: Zuerst bemale ich die gesamte Leinwand mit einer einzigen Farbe. Nun gehe ich auf Spurensuche im Bild und lege frei, was ich zeigen will. Peu à peu konkretisiere ich die Formen. Was ich aber nicht mehr brauchen kann, übermale ich einfach, als sei es nie dagewesen.

Diese Vorgehensweise ist mein ganzes künstlerisches Leben gleich geblieben. Allerdings hat sich mein Stil über die Zeit verändert. Früher habe ich mehr geplant, was ich male, hatte eine genauere Vorstellung von dem, was aus einem Bild werden sollte. Heute male ich viel mehr das, was aus meinem Herzen wächst. Ich nehme das als Zeichen für meine Reife. Ich habe offensichtlich mehr zu mir selbst gefunden.

Ulrich || Mir geht es ähnlich! Ich empfinde beim Malen heute eine viel größere Freiheit als früher. Schon lange habe ich damit aufgehört, andere zu kopieren. Ich nehme mich in meinen Bildern auch nicht mehr so zurück. Auch wenn ich immer noch behutsam bleibe, so setze ich heute viel stärkere Akzente. Die Bilder sind ein Spiegel meiner selbst. Und wenn ich will, tauche ich einfach in eine Farbe tief ein, als sei sie das pure Lebenselixier.

Ohne die Kunst hätte mir im Leben eine wichtige Dimension gefehlt. Ich hätte mich nicht derart entwickeln können, wie ich es getan habe, vom Ordensmann zum Ehemann. Mit meiner eigenen Kunst bin ich enger in Kontakt mit mir selbst gekommen. Und hätte ich Beates Kunst nicht so eng um mich herum gehabt, sie als Künstlerin nicht tagtäglich um mich, hätte ich sicher nicht so aufblühen können. Vieles Verborgene wäre nicht ans Tageslicht gekommen. Mein Wachstum in eine größere innere Freiheit hinein wäre nicht so schnell möglich gewesen: weg vom Leistungsdenken als Rechtfertigung für das eigene Leben hin zu: „Ich bin der, der ich bin. Und das reicht."

Beate || Oh je, mein Leben ohne Kunst? Das hätte schlimm enden können, wahrscheinlich in einer Depression. Wenn ich mich in meinem Leben am Boden gefühlt habe, dann habe ich mich mit aller Kraft angestrengt wieder aufzustehen. „Wer ein Warum zu leben hat, erträgt fast jedes Wie", hat Viktor Frankl gesagt. Ich hatte ja ein „Warum"! Ich hatte immer die Kunst. Irgendein Auftrag war immer ausstehend, noch nicht abgeschlossen. Ich konnte mich also oft an meinen Pinseln festhalten. Bei mir war das immer mit dem Malen so wie bei einem Menschen, der im dunklen Wald singt, damit er jemanden hört und er die Angst in Schach hält. Das Licht leuchtet auch für mich. Ich bin nicht allein. Ich lebe mitten in der Wirkungsstätte Gottes.

Mag sein, dass ich heute viel authentischer male als früher. Aber was mich immer noch von Zeit zu Zeit plagt, ist, dass ich mit manchen meiner Bilder unzufrieden bin. Ich habe einen sehr hohen Anspruch an mich selbst. Das könnte aber auch an einem mangelnden Selbstbewusstsein liegen. Ich brauche die Bestätigung von außen. Wenn sich von einer meiner Karten 10000 Stück verkaufen, wenn meine Bilder in Ausstellungen hängen oder Besucher ein Werk in meinem Atelier bewundern, stärkt mich das als Mensch in meiner Persönlichkeit. Ich erlebe dunkle Momente immer sehr intensiv, sie wirken meist lange in mir nach. Deshalb brauche ich zum Ausgleich Lichtelemente, denn die Nahrung für meine fragile Künstlerseele hält nicht ewig.

Ulrich || Ich habe Beate schon einige Male gesehen, wie sie beim Malen innegehalten hat, plötzlich aufstand und die Leinwand unter den Wasserhahn gehalten hat, damit alle Farbe in Strömen herablief. Oder sie hat ein Papier genommen, es zerknüllt und in eine Ecke geworfen.

Beate || Manchmal bügele ich die Blätter dann aber auch wieder glatt …
 Aber wenn meine Ohren beim Malen rot werden, mein Blut in Wallung gerät, dann ist „das Kind" zur Geburt bereit, dann wird aus dem Bild was. Dann krieche ich nicht. Dann gehe ich aufrecht.
 Allerdings ist mir in letzter Zeit an mir selbst aufgefallen, dass mir das künstlerische Arbeiten zunehmend schwerer fällt. Da ist mir Uli eine große Hilfe, vor allem, wenn er den Kontakt nach außen für mich übernimmt und alles, was mit Technik zu tun hat.

Ich frage mich manchmal: Wann ist eigentlich der Zeitpunkt gekommen, an dem ich mit dem Malen aufhören sollte, aufhören muss?

Ulrich || Das zu beobachten, fällt auch mir nicht leicht. Aber alles hat seine Zeit. Beate ist nun in einer Lebensphase angekommen, in der es nicht mehr nur darum geht, Neues zu schaffen, sondern sich auch darum zu kümmern, das, was sie geschaffen hat, zu bewahren, für die Zukunft zu rüsten. Dafür sind wir in der Planungsphase der Gründung einer Stiftung, die den künstlerischen Nachlass Beates verwalten soll. Das Konzept soll auch beinhalten, wie das wertvolle Gut konserviert werden und ein Archiv entstehen kann. Beates Kunst und ihr Anliegen sollen an Orten weiterleben, wo Menschen leben, arbeiten und den christlichen Glauben praktizieren. Das könnte ein Museum in einem Kloster sein oder in einem christlichen Seminarhaus, auf jeden Fall an einem Ort geistlicher Quelle. Wir wollen mit der Stiftung christliche Nachwuchskünstler in Klöstern fördern, eventuell einen Kunstpreis ausloben, Schulen mit einbeziehen.

Beate || Neues pflanzen …

Ulrich || Die Arbeit der Stiftung soll das noch intensiver fortführen, womit wir mit den Atelierbesuchen von Gruppen schon begonnen haben. Oft kommen Gruppen mit etwa 20 Menschen, die am selben Tag auch die Abtei in Maria Laach besichtigen. Oft sind es Gruppen aus Pfarrgemeinden von nah und fern. An manchen Tagen sind es sogar zwei an einem Tag.

Beate || Wir schauen uns dann gemeinsam meine Bilder an und sprechen darüber. Auch erzähle ich aus meinem Leben und beantworte gerne Fragen. Ich versuche, den Besuchern das zu vermitteln, was mir an meinen Bildern wichtig ist. Und wie Uli das immer ausdrückt: Ich komme über die Kunst in Kontakt mit Menschen. Die Begegnungen werden einfach intensiver, wenn man über Persönliches spricht. Viele erzählen mir auch von ihren Sorgen und Nöten. Ja, ich ermutige unsere Gäste sogar, in den Bildern ein Stück ihres eigenen Lebens zu entdecken und sich dadurch ermutigt zu fühlen.

Ulrich || Wir hören des Öfteren, dass die Besucher – meist sind es ja Frauen – die Stunden bei uns sehr genießen, weil sie von uns auch von dem berührt werden, was wir als Ehepaar darstellen – das männliche und das weibliche Prinzip. So hinterlässt Beate nicht nur Spuren auf der Leinwand, sondern wir hinterlassen gemeinsam auch Spuren im Herzen der Menschen, die zu uns kommen. Darum geht es uns.

Beate || Ja, darum geht es uns. Genau um dieses Echo. Um diese sich nie verbrauchende Energie. Wenn ich dann höre, wie die Frauen rufen „Oh, dieses Blau! Oh, dieses Rot!", dann weiß ich, dass ich etwas richtig gemacht habe – als Künstlerin wie als Mensch – mit Gottes Kraft.

Ulrich Heinen, „Winter, Fenster, Licht", 2019

Winter – Fenster – Licht

Winter – Fenster – Licht
Formen bewegen sich im Wind
Es knospet schon

Fenster – Blick – Momente
Sanfter Wind bewegt die Luft
Wundersames Knospen

Fenster – Blick – Momente
Eine Knospe spricht vom Sein
Leben leuchtet zart

Scheinbar wie durch Glas
Eine Knospe kündet hell
Wundersames Sein

Ulrich Heinen

Gerade habe ich mit zwei kleinen Zweigen, die ich auf meiner heutigen Wanderung aufgelesen habe, Linien mit weißer Wachsmalkreide auf ein Blatt gezeichnet. Intuitiv, ohne einen konkreten Gedanken habe ich fast spielerisch die Kreide entlang der Zweige spazieren geführt. Es sind Spuren der Natur und sie wirken fast wie Adern, die meine Haut durchziehen, sie mit Nahrung versorgen. Entlang dieser „Nahrungsstränge" möchte ich nun versuchen, meinem Selbst noch näher zu kommen. Vielleicht entsteht so eine andere Art von „Selbstbildnis", vielleicht ein Moment-Bild meiner Seele. Ja, vielleicht ein Blick auf geahnte Sehnsucht. Geheimnis meines Lebens.

Ulrich Heinen

Gestern war ich zu Muttis Geburtstag in Köln. Gisela, Eva, Georg, Mutti und ich waren die Festgemeinschaft. Also so „intern" wie lange nicht. Keine Männer (außer dem Brüderchen) dabei. Es war sehr schön und ich jubelte innerlich. Auf der Fahrt zurück nach Köln sprach ich mit frohem Herzen ununterbrochen mit Gott. Das heißt: Auf der Hinfahrt sang ich irgendwelche Melodien, die mir einfielen, und dazu Texte, die wie ein Gespräch mit Gott waren. Das alles war eine Art Beten, so wie ich es auch als junge Nonne wieder und wieder tat. Und es fühlte sich für mich an, als wenn Gott mir auf meine Fragen sogar antwortet. Natürlich, manchmal schweigt er, und er wird seine Gründe haben. Und doch, es war eine tiefe Erfahrung, es war so tröstlich und wunderbar. Gott saß neben mir im Auto und ich war ihm ganz nahe. Er erklärte mir viel von der Hintergründigkeit der Dinge. Er lehrte mich, dass er in allem sei, in jedem Blatt am Straßenrand und all den vielen Möglichkeiten unseres Lebens. Ich erkannte, dass Gott nicht nur in den Dingen ist, sondern zugleich alles auf ihn verweist. Ich möchte einmal mehr darüber schreiben. Ich spüre ganz deutlich: Gott und ich, wir werden immer mehr Freunde. Vielleicht weil ich immer mehr sein Kind werde?

Beate Heinen, Aufzeichnungen, Juli 1979

In dieser Nacht schlief ich nur zwei Stunden, weil mich Sr. Perpetua und Sr. Christina einluden, in der Laacher Krypta mit Pater Maurus ganz unter uns eine Messe zu feiern. Lange hatte ich bis tief in die Nacht gearbeitet und stand um 5 Uhr auf, doch so müde war ich auch nicht. Der Gottesdienst war eine tiefe Erfahrung. Und dann erwartete mich eine ganz besondere Aufgabe. Die Mönche von Maria Laach spielten ein Theaterstück über eine griechische Göttersage, die aber in einen zeitgenössischen Text übersetzt wurde. Bruder Oswald Kettenberger ist offensichtlich der Initiator und hat auch die Hauptrolle. Er hatte mich gefragt, ob ich die Maskenbildnerin sein wollte. Und wie ich wollte! Außer Br. Oswald spielten noch Bruder Hilarius und Br. Christoph mit. Heute sollte die Generalprobe sein. Die Mönche zu schminken, unten in Bruder Oswalds Fotolabor, das war schon eine Herausforderung und auch lustig. Der Reihe nach setzten sie sich auf einen Tisch und ließen alles geduldig über sich ergehen. In meiner Maskenbildnerei brauchte ich ja nur zu unterstreichen, was sie in diesem Theaterstück in ihrer Rolle spielten. Nach dem Theaterstück, bei dem ich zwischen Sr. Perpetua und Sr. Christina saß, musste ich die „Helden" noch abschminken. Das Stück war sagenhaft gut gespielt. Vor allem Bruder Oswald war mit ganzer Seele dabei. Ganz toll! Bühnenreif! Bruder Oswald war auch mit meiner Arbeit sehr zufrieden und bat mich dann, bei der Hauptprobe und den weiteren Aufführungen die Aufgabe der Maskenbildnerin zu übernehmen. Natürlich sagte ich: Ja!

Beate Heinen, Aufzeichnungen, August 1979

◀ Beate Heinen, „Elisabeth", 1987

Heute fiel mir ein Text von Phil Bosman zufällig in die Hände. Den Kerngedanken möchte ich einmal in persönlichen Worten wiedergeben.

Immer wieder faszinieren mich Menschen, so wie sie sind. Sie ziehen mich an. Sie bringen etwas in Bewegung in mir, wecken mich auf. Oft ist es nur der Wunsch, miteinander ins Gespräch zu kommen, in eine Begegnung zu treten. Die Faszination liegt für mich in der Möglichkeit, wenn auch nur für einen Moment Freude, Geborgenheit oder auch das Gefühl ernst genommen, angenommen zu sein zu erfahren und zu schenken. Solche Begegnungen, solche Weggefährtinnen und Wegbegleiter sind immer Geschenk. Oft gehen meine Gedanken und auch mein Gebet in solche Momente zurück. Ich kann dort zur Ruhe kommen, Kraft aufnehmen und gestärkt weitergehen. Jeder Tag kann ein Abenteuer sein. Seit gestern begleitet mich ein wundervolles, in einen Text gegossenes Bild. Ein Wanderer begegnet einem Mandelbaum und bittet ihn: „Erzähl mir von Gott!" Da fängt der Mandelbaum an zu blühen. So verstehe ich immer mehr auch meinen Lebensauftrag, mein Leben. Jede, jeder hat ihre, seine Bestimmung. Wir sollen unserer Bestimmung folgend blühen wie der Mandelbaum. Wir sollen zum Leben bringen, was Gott in uns hineingelegt hat.

Ulrich Heinen, Aufzeichnungen, Juli 1991

Schlüsselmenschen

Beate || Ich habe mich oft gefragt, wie mein Lebensweg ohne Ulrich wohl weitergegangen wäre. Es hätte mir so viel gefehlt. Er ist der Schlüssel zu meinem größten Lebensglück, das ich noch spät erfahren durfte.

Ulrich || Durch Beate habe ich Facetten des Lebens kennengelernt, die mir ohne sie wohl für immer verborgen geblieben wären: Ehemann zu sein, Enkel zu haben, Kunsttherapeut zu werden, das Leben mit einer Künstlerin zu verbringen, die mich jeden Tag aufs Neue fasziniert. Doch so ist es im Leben des Öfteren: Uns begegnen gelegentlich Schlüsselmenschen, die uns eine Tür oder sogar ein ganzes Tor aufschließen, hinter dem sich ein Stück Paradies versteckt oder eben das, was wir brauchen, um unserer Erfüllung, unserem Lebenssinn ein Stück näher zu kommen.

Beate || Wenn ich an meine Halbschwester Hanni denke, weiß ich genau, woher ich meinen Blick für die Ästhetik habe. Mein Vater war verwitwet, als er meine Mutter heiratete. Seine zwei Töchter aus der ersten Ehe waren bereits erwachsen, die eine studierte Jura und wurde später Richterin, die andere, Hanni, war eine schillernde Persönlichkeit, schon als junge Frau. Schauspielerin. Exaltiert. Selbstbewusst. Erfrischend keck. Und für mich als Mädchen eine Offenbarung der besonderen Art. Sie war wunderschön und immer sehr gepflegt. Eine Dame eben. So eine Person sah man bei uns in der Straße selten.

Sie wohnte in Berlin, war mit einem englischen Honorarkonsul verheiratet, der bedingt durch seine Tätigkeit auch in Verbindung zum britischen Königshaus stand. Eine schillernde Welt strahlte mir von Hanni entgegen – bis in mein Kinderzimmer hinein. Ein Kontrast wie er deutlicher nicht hätte sein können zu der Strenge meiner gottesfürchtigen „Zwillingsschwester" Gisela.

Wenn Hanni uns besuchte, wurde eigens für sie ein Zimmer ausgeräumt und picobello hergerichtet. Blumen schmückten den Tisch. Alles musste fein sein für den hochherrschaftlichen Besuch. Einmal, als sie wieder einmal in Köln zu Besuch war, huschte ich abends heimlich ohne ihr Wissen in ihr Zimmer und roch an ihrem Parfum. Ich schloss die Augen, als ich den Flakon öffnete. Der Duft, der sich wie ein leichter Nieselregen auf meine Nase legte, als ich abdrückte, betörte mich so sehr, dass ich ihn bis heute als *den* damenhaften Duft schlechthin erachte. Er hat mein ganzes Leben begleitet, denn „Ô de Lancôme" wurde auch zu meinem Parfum, nachdem ich das Kloster verlassen und angefangen hatte, mich für Mode zu interessieren.

Mit Sicherheit habe ich von Hanni auch mein Faible für schöne Kleider, gut sitzende Frisuren und eleganten Schmuck. Ihr Anblick war sozusagen mein ganz persönlicher Trendsetter. Ihr Stil prägte meinen Stil. So wie ihr ihr Erscheinungsbild stets wichtig war, achte auch ich darauf, dass ich immer gepflegt unter Menschen gehe. Auch zu Hause lasse ich mich nicht gehen.

Mit 16 Jahren durfte ich Hanni einmal nach Großbritannien begleiten. Das erste Mal fliegen! Obwohl ich große Angst davor hatte, konnte ich dieses Angebot natürlich nicht ausschlagen. Nun fühlte ich mich gleichermaßen wie eine Dame, ganz und gar geadelt. Als mein Vater mich nach meiner Rückkehr vom Flughafen abholte, machte ich ihm in meiner neuen Manier klar: „Ich fahre nicht mit der Bahn nach Hause! Ich nehme ein Taxi!" Und so kam ich kurz vor meinem Vater, der die Straßenbahn genommen hatte, zu Hause an.

Nach meiner London-Reise versuchte ich sogar Kontakt zu Queen Elisabeth II. aufzunehmen. In meiner großen Bewunderung schickte ich ihr über den Mann meiner Schwester eine meiner Originalgrafiken. Die Antwort, die ich von einem Sekretär ihrer Majestät erhielt, war nüchtern, aber weise. Mit ihr konnte ich erst viel später etwas anfangen: „Die Arbeit ist die Miete, die wir für unseren Platz im Leben bezahlen müssen." Aber damals: Ach, ich war einfach stolz: ein Brief von der Queen!

Mit Hanni verbinde ich allerdings auch Gefühle der Wehmut. Sie hatte eine wunderschöne Stimme. Wann immer sie zu Besuch war, sang sie in Begleitung unseres Vaters auf dem Klavier im Wohnzimmer das Lied: *„Wo ist der kleine Jakob geblieben? Hatte die Kühe waldein getrieben, kam nimmer wieder, Schwestern und Brüder gingen ihn suchen im Wald da draus – Kleiner Jakob, kleiner Jakob, komm nach Haus!"* Dann brachen wir alle in Tränen aus, denn wir wussten um Werner, unseren jüngeren Bruder, der mit 21 Jahren im Zweiten Weltkrieg gefallen war und den ich nie kennenlernen durfte. Es war jedes Mal herzzerreißend.

Als alte Frau, längst verwitwet, lebte Hanni bis zu ihrem Tod in ihrem Haus im Ahrtal – nicht weit von mir entfernt – und war lebensfroh wie eh und je. Das gab uns die Möglichkeit, noch viele schöne Tage miteinander zu verbringen und in Erinnerungen zu schwelgen.

Ulrich || Solche Lebensfreude ist ansteckend. Mein Vater war auch ein Mensch, der das Leben feierte, wann immer er konnte. Er machte aus nahezu allem ein Fest. Selbst als wir helfen mussten, die Erde tonnenweise auf dem neu erworbenen Grundstück in Kevelaer auszuheben, die sogenannte Muttererde, wurden wir am Ende mit einer Feier belohnt. Schubkarrenweise hatten wir die Erde auf Hügel an den Rand des Grundstücks gebracht. Als wir mit der Arbeit fertig waren, wurde der letzte Hügel mit Girlanden und Lampions geschmückt und auf das „Mutterberg-Fest" angestoßen. Es gab ein leckeres Essen, Wein für die Eltern und Limo für uns. Und am Schluss tanzten wir alle wild um den Hügel. Die Kunst, aus belanglosen Anlässen etwas Besonderes zu machen, das Leben zu feiern, wann immer es möglich war, gehört zu den schönsten Erinnerungen an meinen Vater, der sonst gleichermaßen gewissenhaft und fromm lebte. Was für eine wunderbare Mischung!

Ein anderes wichtiges Vorbild in meiner Jugend war mein Fußballtrainer Gerd Baum. Keiner aus meiner Familie hatte Interesse an Sport, nur ich. Also zog ich mir eines Tages mit zehn Jahren weiße Kniestrümpfe an und lief in kurzen Hosen und mit meinen Sportschuhen zum Sportplatz. Dort trainierte gerade die Jugendmannschaft. Mit Begeisterung verfolgte ich das Training vom

Spielfeldrand aus. Ich wagte mich aber nicht weiter vor. Bis plötzlich der Trainer rief: „Komm mal!" Dabei winkte er einladend mit beiden Armen. Ab diesem Zeitpunkt befand ich mich sonntags regelmäßig in einer Zwickmühle: ministrieren oder kicken? Denn ich hatte mich innerhalb von kürzester Zeit so gut angestellt, dass ich die A-Jugend bei ihren Spielen unterstützen durfte – gegen die A-Jugend Mönchengladbach, gegen die A-Jugend aus Irland. Fast wären wir sogar einmal Niederrheinmeister geworden. Doch die neuen Sportschuhe, die wir extra für das entscheidende Spiel von unserem Sponsor erhalten hatten, waren noch so steif, dass wir alle während der 90 Minuten Blasen an den Füßen bekamen, deswegen wohl ziemlich mies spielten und am Ende 0:3 verloren. Die Enttäuschung steckten wir als Mannschaft weg. Auch wenn man mal einen blöden Fehler gemacht hatte, kam mit Sicherheit irgendeiner, klopfte einem auf die Schulter und tröstete: „Das ist doch nicht schlimm!"

Gerd Baum, der selbst Lehrer und Künstler war, eröffnete mir eine Welt, in die ich gut passte. Er war eine wahre Orientierung für mich. Ich war nämlich kein Einzelkämpfer. Ich genoss es, Aufgaben im Team gemeinsam zu bewältigen, zu wissen, dass man von anderen gestützt und gestärkt wird. Ich lernte bei ihm, dass man sowohl Siege, Erfolge als auch Niederlagen miteinander trägt. Emotionen jeglicher Art ließen sich in einem Team einfach besser durchleben: Wut, Enttäuschung, aber auch Freude und Stolz. Unser Trainer war mir ein gutes Beispiel, auch für meine späteren Führungsaufgaben. Er war immer für alle da, Ansprechpartner für die Mannschaftsmitglieder, gerecht und zuverlässig. Er hat nie einen von uns fertiggemacht, sondern stand immer hundertprozentig hinter uns. – Diese Erfahrung im Fußballteam und mit ihm gehörte zu den positiven in meinem Leben, die mich dazu brachten, ein Leben in Gemeinschaft anzustreben. Fußball zu spielen, vermisste ich im Kloster schmerzlich. Auch da schien niemand außer mir ein Interesse daran zu haben. Schade! Aber bei meinen Auslandsreisen kickte ich immer besonders gern mit den Kindern und Jugendlichen in aller Welt.

Beate || Zu wissen, dass jemand hinter einem steht, ist eine schöne Erfahrung. Manchmal sogar eine lebensentscheidende. Als ich im Klosterverlag Maria Laach 1976 mein erstes Weihnachtsbild einreichte, entfuhr es dem damaligen Verlagsleiter: „Oh Gott, oh Gott, das geht ja gar nicht!" Tja, auf dem Bild saß Maria, die Mutter Jesu, bei den Mülltonnen. Warum sollte das nicht gehen? Warum sollte die Heilige Familie nicht in unserer Zeit ganz im Abseits in einem Hinterhof darzustellen sein? Sollte sie nicht gerade dort sitzen? Ich hatte schließlich einen sozialen Ansatz für das Bild gewählt, wollte nicht nur ein nettes Motiv abliefern, wie es schon unzählige gab. Meines sollte anders sein, zum Nachdenken anregen, aufrütteln, aber auch trösten. Dies alles verstand der damalige Verlagsleiter nicht direkt. Dafür aber der Maria Laacher Pater Drutmar Cremer. Er war derjenige, der damals im Kloster St. Hildegard in Eibingen auf ein Bild von mir an der Wand des Sprechzimmers aufmerksam geworden war, als er dort zu Besuch war. „Von wem ist dieses Bild?", hatte er die Äbtissin damals gefragt. Pater Drutmar war ein sehr kunstbeflissener Mann mit einem Kennerblick. Selbst dieses kleine Bildchen war ihm nicht entgangen. Vier Jahre später machte er mich ausfindig. „Wollen Sie ein Weihnachtsbild für uns malen?", bot er mir an. Ich zögerte keinen Moment.

Pater Drutmar fand „Die Mülltonnenmadonna" überhaupt nicht „unmöglich", sondern sehr interessant. Er überzeugte den Verlagsleiter, doch in den Druck für die Karten damit zu gehen. Man könne ja einmalig 1000 Stück davon drucken und abwarten, wie es sich verkauft. „Wenn es nichts ist, lassen wir es einfach sterben."

Der Verlag lenkte ein und die Karte wurde ein Verkaufsschlager. Zugegebenermaßen glücklich gefügt durch die Tatsache, dass die CDU das Motiv für ihren alljährlichen postalischen Weihnachtsgruß auswählte und so die 1000 Stück der ersten Auflage nicht annähernd ausreichten.

Mit diesem Erfolg in der Tasche hatte ich ab sofort eine Art Carte blanche und konnte malen, was ich wollte. Bei der Wahl des Motivs war ich nun komplett frei und wurde als Künstlerin von den Verantwortlichen geschätzt. Wäre allerdings Pater Drutmar nicht gewesen, wäre er nicht hinter mir gestanden, hätte er nicht etwas Ungewöhnliches mit mir gewagt, hätte es nun über vier Jahrzehnte keine weiteren Weihnachtsbilder von Beate Heinen in Maria Laach gegeben. Auch nicht all die anderen Kalender, Karten und Poster von mir, die im Kunstverlag erschienen sind und bis heute erscheinen. Insofern war Pater Drutmar der Schlüsselmensch schlechthin für meine künstlerische Laufbahn beziehungsweise für meine finanzielle Basis, die für eine freischaffende Künstlerin durch die nun regelmäßig folgenden Aufträge natürlich mehr als günstig war. Mit ihm verband mich ein Leben lang eine enge Freundschaft. Auch hat er als Pfarrer und guter Freund der Familie alle meine verstorbenen Verwandten beerdigt.

Doch er war nicht der einzige Mönch in Maria Laach, dem ich viel zu verdanken habe: Auch Bruder Oswald Kettenberger hat mir eine Welt eröffnet, die ich vorher nicht betreten hatte. Pater Oswald war ein bekannter Fotograf, der für den Klosterverlag viele Bücher gestaltete. Er führte mich in die Welt der Fotografie ein. Mit ihm traten die Farben in den Hintergrund, denn er bevorzugte die Schwarz-Weiß-Fotografie. Viel wichtiger war ihm der Ausschnitt, in dem das Motiv dargestellt wird. Auch betonte er die Kontraste, die klaren Linien zwischen den Elementen. Er spielte mit Abgrenzungen und gleichzeitig weichen Übergängen. Ich war hin und weg von dieser Art Kunst und besorgte mir selbst eine Kamera, um damit zu experimentieren. Auch habe ich Fotos selbst entwickelt. Bruder Oswald hat im wahrsten Sinne des Wortes meinen Blickwinkel enorm geweitet und damit meinen künstlerischen Ansatz beeinflusst. Er richtete meinen Blick auf das Unscheinbare, das doch so bedeutsam ist. Er war Inspiration pur.

Ulrich || Auch in der Glasmalerei sind klare Abgrenzungen und der Kontrast zu weichen, farbigen Übergänge das A und O. Keine Kunstform ist so sehr auf das Licht angewiesen und muss deshalb mosaikgleich die einzelnen Farbelemente voneinander abgrenzen – sonst würde alles verschwimmen, vom Licht verschluckt werden. Die zusammengesetzten Glasstücke, gut voneinander abgegrenzt durch die Bleiprofile, sind Teil eines Ganzen und ergeben gemeinsam Sinn. Dazu fällt mir in einem wunderbar übertragenen Sinne auf unser Leben Blaise Pascal ein, der einmal sagte:

*„Es ist nicht auszudenken, was Gott
aus den Bruchstücken unseres Lebens machen kann,
wenn wir sie ihm ganz überlassen."*

Als ich meine Glasmalerlehre machte, kam ich mit vielen bekannten Künstlern in Kontakt. Ich war von ihrer Arbeitsweise begeistert: Joachim Klos beispielsweise, einer der bedeutendsten modernen deutschen Glasmaler, der auch die Fenster der Pfarrkirche St. Antonius in Kevelaer nach ihrem Wiederaufbau gestaltet hat, gab uns einen Entwurf für ein Kirchenfenster. Diesen hatte er, wie der Künstler es häufig tat, mit Papierausschnitten und -fetzen im Maßstab 1:100 zusammengesetzt. Wir Glasmaler übertrugen daraufhin diese Vorlage mit ihren Fragmenten auf große Kartons in den Maßstab 1:1. Danach fertigten wir Schablonen für die einzelnen Glasstücke an, ehe wir anschließend die farbigen Gläser zuschnitten. Viele dieser fertigen Gläser bemalten wir mit Schwarzlot, um Kontraste zu verstärken oder auch Schattierungen aufzubringen. Dabei mussten wir mit den Farbtönen spielen, um das zu übersetzen, was der Künstler wünschte. Das fragile Glas dann nach dem Brennen in die Bleiprofile einzufügen, war äußerst herausfordernd.

Es kann auch vorkommen, dass ein Künstler im letzten Moment noch Änderungen wünscht, wenn das Fenster vor einer Lichtwand zur Probe aufgestellt wird. Dann muss noch das eine oder andere Element ausgetauscht oder anders bemalt werden. Aber ich liebte diesen schöpferischen Prozess, an dem ich teilhaben durfte. Ich war damals erst 17 oder 18 Jahre alt und durfte das erste Mal an etwas mitwirken, das öffentlich wahrgenommen werden sollte: Kirchen, ihre Fenster und Chorräume im Farbglanz, im Farbenspiel.

Mein absolutes Schlüsselerlebnis: Ich sah, wie viele kleine Bilder ein großes Ganzes ergeben – in einer Größe, die mit manchmal bis zu zehn Metern Höhe eine unglaubliche Wucht hatte.

Und das Faszinierende dabei: Das Ergebnis lässt sich erst ganz am Schluss sehen, wenn alles fertig ist – aus einer gewissen Distanz und bei den richtigen Lichtverhältnissen. Dann erst, im Nachhinein wird deutlich, dass jedes Stück genau seinen Platz hat, Sinn im Ganzen macht, dass alles passt. Und ich kleiner Lehrling durfte damals Teil von Werken sein, die quasi für die Ewigkeit geschaffen wurden. Was konnte es Erhebenderes geben?

Oft denke ich: So bunt die Glasstücke der Fenster sind, so unterschiedlich sind auch die Menschen, die darunter sitzen oder gehen und sie betrachten. Man braucht in Kirchen keine zusätzlichen Bilder mehr – die Fenster genügen schon. Man denke nur an drei Rosenfenster in der Kathedrale von Chartres oder den fünfteiligen Fensterzyklus mit Rosette von Marc Chagall im Chorraum des Fraumünsters Zürich sowie Chagalls neun wunderbare Fenster in St. Stephan in Mainz.

In den 1970er- und 80er-Jahren wurden viele Kirchen neu gebaut, das war eine wunderbare Zeit für Glasmaler. Für mich eine herrliche Chance, an vielen Stellen mitzuwirken. Künstlern eröffneten sich im sakralen Raum plötzlich sogar neue Möglichkeiten, zeitgenössische Kunst zu machen. Ich erinnere mich an eine Begegnung mit der Franziskanerin Schwester Sigmunda May im Kloster Sießen. Sie war damals schon Anfang 80, als ich sie beobachten durfte, wie sie auf den Knien sitzend ihre Walze über die türblattgroßen Holzschnitte hin und her bewegte: „Mir ist es wichtig, dass ich in den Bildern vorkomme, dass sich darin etwas von mir spiegelt." Ich war fasziniert von ihren wilden Darstellungen religiöser Motive. Sie hatte offensichtlich alle Freiheit der Kunst.

Beate || Ach, wie sehr hätte ich mir das in Eibingen damals im Kloster gewünscht: frei arbeiten zu dürfen. Ich aber fühlte mich eingeengt, weil ich auf bestimmte Darstellungen und deren „Bravheit" eingeschränkt war. Ich hätte mich auch geistlich viel besser entwickeln können, wäre ich nur frei gewesen. Nur in Engelberg konnte ich so arbeiten, wie es mir lag. Abt Leonhard war es, der mir alle möglichen Wege dazu eröffnet und meine künstlerische Arbeit, wo er nur konnte, gefördert hat. In Engelberg fühlte ich mich einfach beheimatet *und* gleichzeitig frei, geistlich wie auch künstlerisch. Aus diesem Grund bin ich dorthin immer wieder zurückgekehrt. Jedes Mal, wenn es mir im Leben nicht gut ging, sagte ich mir: „Jetzt fahr ich nach Engelberg! Jetzt fahr ich heim." Dort begegnete mir eine offene benediktinische Welt, in der ich mich wohlfühlte, dank Abt Leonhard. Er war für mich in vielen Bereichen meines Lebens ein wichtiger Freund und Förderer.

In geistlicher Hinsicht prägte mich allerdings vor allem meine Eibinger Äbtissin Fortunata Fischer. Seit meinem ersten Besuch im Kloster war sie mir ein Vorbild. Ich schrieb ihr regelmäßig und erhielt auch treu Antwort. Sie war auf meinem geistlichen Weg lange Zeit *die* Lichtfigur, der ich folgte. Sie war ursprünglich evangelisch getauft und später katholisch geworden. Wahrscheinlich lebte sie deshalb viele der katholischen Rituale besonders bewusst (vor). Sie machte das Kreuzzeichen, unsere allerwichtigste Geste, stets betont groß, sehr deutlich. Auch zelebrierte sie das Gebet sehr intensiv. Wie sie das Klosterleben vorlebte, imponierte mir.

Äbtissin Fortunata war eine seelisch stabile Frau, die nichts so leicht ins Schwanken bringen konnte. Ich hingegen war oft ängstlich. So auch kurz vor meiner Abfahrt nach Luzern, wo ich ja mehr oder weniger hingeschickt wurde, um zu studieren. Die Nacht vor meiner Abreise litt ich Höllenqualen: Ich wollte einfach nicht weg. Da huschte ich nachts zu ihr, meiner mütterlichen Bezugsperson, und beichtete in meiner Not, was mich bedrückte. „Bitte lassen Sie mich hierbleiben! Ich will nicht gehen!", flehte ich. Sie aber drückte mir ihr Äbtissinnenkreuz mit den Worten in die Hand: „Vertrau auf Gott! Er führt dich und wir als Gemeinschaft begleiten dich im Gebet." So gab sie mir die Kraft, die ich brauchte. Immer, wenn ich im Leben an einen Punkt kam, an dem ich nicht den nächsten Schritt wagen wollte, erinnerte ich mich an diesen Moment.

Neben ihr waren es auch die einfachen Schwestern, die mir im Kloster begegneten, die mich inspirierten. Wie sie demütig und bescheiden ihren Dienst taten und beteten und ihren Dienst taten und beteten und ihren Dienst taten und … Viele von ihnen lebten mir eine große innere und vor allem spirituelle Zufriedenheit vor, nach der ich mich so sehr sehnte. Eine der Schwestern blieb mir besonders in Erinnerung: Schwester Monika zu Elst. Sie war als Witwe ins Kloster eingetreten, eine Frau aus einer wohlhabenden Familie. Sie bot mir an, ihr Brautkleid für meine Einkleidung im Kloster zu tragen, was ich gerne annahm. Dafür nähte sie es eigens für mich um. Sie nahm Maß, steckte es mit spitzen Nadeln ab und hatte die größte Freude daran, ihr wunderbares Kleid für mich passend zu machen. Sie war sich für nichts zu gut und lobte, wo sie nur loben konnte. Sie strahlte eine beneidenswerte Ruhe aus. Sie war wohl bei sich selbst angekommen. Etwas, das ich in meiner inneren Unruhe, wo es ständig brodelte, nicht kannte. Ihre Gelassenheit aber zeigte mir, dass man in den einfachsten Lebensumständen glücklich sein kann, wenn man sich nur einlässt. „Es ist, wie es ist", pflegte sie zu sagen.

Ulrich || Diese Haltung kenne ich von Franziskanerpater Matthias Utters, bei dem ich mehrere Seminare zum Thema Kommunikation besuchte. Er litt sein Leben lang unter schweren Krankheiten. Nach einer Netzhautablösung erblindete er. Er hatte auch Krebs und man musste ihm seinen linken Arm amputieren. Doch er lebte uns vor, sich in schweren Situationen Gott anzuvertrauen. Er erzählte uns davon, wie er jedes Mal, wenn er das Gefühl hatte, das Leiden nicht länger ertragen zu können, einen Nagel, der aus dem Heiligen Land stammte, fest in seine Hand nahm – als Symbol für die Anteilnahme Jesu. „Gott ist im Leiden bei mir!", sagte er.

Pater Matthias vermittelte eine bodenständige greifbare Spiritualität. Er hat mir sehr dabei geholfen, junge Männer auf ihrem Weg in ihr Ordensleben zu begleiten, indem er die psychologische, seelsorgerische Dimension mit der geistlichen zu verbinden wusste. Was er mir in den Seminaren beibrachte, versuchte ich auch in meiner Rolle als Novizenmeister umzusetzen:

„Gott begegnet uns in jedem Menschen", „Schau auf das Leben und höre auf dein Herz!", „Hab Gott im Herzen und sei nah bei den Menschen!"

Manchmal fühlte ich mich selbst einem Menschen näher als Gott und umgekehrt. Pater Matthias hat mich gelehrt, darauf zu achten, darin eine Balance zu finden.

Des Öfteren haben mir in meiner geistlichen Entwicklung vor allem Frauen weitergeholfen. Ich denke da an Schwester M. Basina Klos, die Generaloberin der Franziskanerinnen von Waldbreitbach war. Sie hat klösterliche soziale Einrichtungen immer mehr für Laien geöffnet. Warum sollten nur Nonnen oder Mönche diese Dienste ausüben können? Sie war gegen jedes Überlegenheitsgefühl von Klostermenschen. Ihre Maxime lautete: „Wer nicht gegen uns ist, ist für uns!" So durften unter ihrem Mantel auch laisierte Priester seelsorgerischen Dienst in klösterlichen Einrichtungen tun. Sie war Fackelträgerin für eine sozialpolitische Weite, war im wahrsten Sinne basis-christlich und hat jeden angenommen.

Durch Schwester Basinas Vorbild wurde mir klar, dass wir nicht nur im sozialen Dienst, sondern auch in unserer Spiritualität noch mehr weibliche Dynamik brauchen. In vielen Facetten sind uns die Frauenklöster nämlich einen Schritt voraus. Denn ich habe beobachtet, dass die Klosterfrauen oft bereiter sind, ein Wagnis einzugehen. Wo Männer meist die Haltung haben „Ja, okay, wir schauen noch mal ...", da sind Frauen oft schon beim: „Ja, genau, so machen wir es. Lass es uns ausprobieren!"

Mit Waldbreitbach verbindet mich noch eine andere Schlüsselfigur meines Lebens: Als Novizen hatten zwei Mitbrüder und ich gemeinsam mit den Waldbreitbacher Novizinnen Bibelunterricht bei ihrem damaligen Spiritual Werner Zerfaß. Ende der Siebzigerjahre liefen wir also zwei Mal in der Woche bergauf nach Waldbreitbach zu unserer Schwester-Gemeinschaft. Dort hörten wir: „Was hat die Weihnachtsgeschichte mit euch zu tun?", „Glaubt ihr wirklich, dass das eins zu eins so geschehen ist, wie es in der Bibel steht?" Unser Referent sah in die Runde. „In jedem Wort ist eine Botschaft für euch hinterlegt!", „Das ist nicht nur eine Geschichte, nicht nur Geschichte. Das hat mit euch etwas zu tun!", „Wo hat dieser Text seinen Sitz im Leben?", „Was sagt euch diese

Stelle?", „Denkt dran: Einen strafenden Gott gibt es nicht!", „Wo begegnet ihr Gott?", „Maria sagte bei der Hochzeit zu Kanaa: Was er euch sagt, das tut. Wisst ihr was: Es ist auch umgekehrt: Was er euch tut, das sagt! Verkündet, was ihr ahnt, ja, vielleicht wisst!"

Er wiederholte immer wieder: „Seht euch alle Texte durch die österliche Brille an!" Ich habe das so verstanden: Die Texte sind alle nach der Ostererfahrung der Apostel und Jünger geschrieben, also mit der Hoffnung und der Gewissheit der Auferstehung. Und so, wie dies unseren Blick heute auf das Wesentliche richtet, so haben es auch die Menschen, die Evangelisten damals erlebt und in ihren Texten aufleuchten lassen.

Jedes Mal kam ich mit mehr Sehvermögen, so schien es mir, wieder den Berg hinunter.

Ich werde auch unsere Gottesdienste im Freien, ein einfacher Tisch als Altar, ein paar Feldblumen darauf und eine Kerze, nie vergessen. Unsere Jüngerschaft versammelte sich unter Apfelbäumen, um Gott zu loben, Eucharistie zu feiern. Das hatte damals etwas Romantisches. Wir fühlten uns so frei und gleichzeitig gegenseitig gehalten und gestärkt. So etwas konnte man damals nur mit Rektor Zerfaß erleben. Das war er: nicht nur fromm in den Himmel schauend, sondern geerdet, mit beiden Beinen auf dem Boden und mitten im Leben.

Rektor Zerfaß hat meine Augen im wahrsten Sinne des Wortes für die Bibel geöffnet – und mein spirituelles Leben so wesentlich mitgeprägt. Selbst Jahre später wirkten seine Worte nach. Immer dann, wenn ich an meiner Berufung zweifelte, wenn ich hin- und hergerissen war zwischen meiner Ordenszugehörigkeit und Beate, kam mir in den Sinn: „Gott will, dass wir ein Leben in Fülle haben, nicht erst nach dem Tod. Es gibt auch ein Leben vor dem Tod." Zerfaß hat mein Gottesbild so sehr geprägt, mir eine Weite aufgezeigt, dass ich sicherer durch meine Höhen und Tiefen gehen konnte. Und nur so konnte ich es zulassen die Beziehung mit Beate – in all ihrer Fülle – wachsen zu lassen. Ich sprach mit Gott: „Was willst du?" Und ich hörte: „Ein Leben in Fülle für dich."

Auch Wilhelm Egerer, bei dem ich mehrere Kommunikationstrainings besuchte, bestärkte mich zehn Jahre später darin. Er selbst musste den Priesterdienst aufgeben, als er heiratete und eine Familie gründete. Egerer hatte ich um Gespräche gebeten. Ich brauchte Hilfe bei meiner Entscheidung für oder gegen das Klosterleben, für oder gegen ein Leben mit Beate. Ich rang ständig mit mir. Wo ist mein Platz? Wo soll ich meine Kraft einsetzen? Wo will mich Gott? Ihm konnte ich mich mit all meinen Zweifeln und inneren Konflikten anvertrauen. Zwar gab er mir keine Ratschläge, sondern hörte mir zu und lenkte mich durch Nachfragen in meinen Gedankengängen. Aber in einem war er ganz deutlich: „Unabhängig, wo und wie du dein Leben gestaltest, du lebst doch immer die Verkündigung der frohen Botschaft. Die eine Lebensform ist vor Gott nicht schlechter oder besser als die andere." Immer wieder bestärkte er mich: „Höre auf dein Herz!"

*

Beate || Ich wünschte, ich hätte damals auch solche Wegbegleiter gehabt. Ich war ja noch vor dem Zweiten Vatikanischen Konzil im Kloster. Da klebte man noch sehr am Text. Keiner dachte daran, die Bibel derart zu interpretieren oder solche freien weiten Sätze wie Wilhelm Egerer zu sprechen. Die einzige spirituelle Freiheit, die ich mir als Nonne einverleiben konnte, stammte von der heiligen Hildegard, der ich ja nachfolgte. Sie hat sich oft gegen die offizielle Meinung der Kirche gestellt. Ihr Mut als Frau in der damaligen Zeit war mir immer eine Inspiration und eine Leuchte für mein eigenes Leben. So angepasst war ich tatsächlich auch nicht. Und zudem konnte man ihre Spiritualität nicht von der Kunst trennen. Das war für mich eine wichtige Richtschnur für mein eigenes künstlerisches Wirken.

Ulrich || Zu meiner Klosterzeit wurde vieles möglich, was noch ein paar Jahre zuvor undenkbar gewesen war. Der Geist des Umbruchs wehte auf allen Ebenen. So konnten wir auch neue Gottesdienstformen ausprobieren. Einmal organisierte ich einen Gottesdienst für 30 Wachkomapatienten unseres Pflegeheims und ihre Angehörigen – mitten in der Kirche. Wie das ging? Wir räumten mehrere Bänke zur Seite und rollten die Betten einfach hinein. Andere Bewohner mit Behinderungen verteilten Blumen an die Anwesenden: „Trotz allen Leids – das Leben blüht auf!"

Durch die Literatur von Henri Nouwen hatte ich mehr und mehr verstanden, dass nicht nur jeder Mensch seinen Platz in unserer Gesellschaft, in unserer Gemeinde hat, sondern dass wir ihm diesen auch geben müssen, Platz für ihn machen müssen. Hätte ich Nouwens Bücher nicht gelesen, hätte ich sicherlich meinen sozialen Dienst um einiges weniger gut verrichten können. Er hat mein Menschenbild geprägt, ein ganzheitliches Menschenbild, das ich wiederum unseren Mitarbeiterinnen und Mitarbeitern vermitteln konnte: „Du bist mir anvertraut. Auch wenn du keine Sprache hast, kannst du mir etwas sagen."

Nouwen schreibt, dass Menschen, die weniger mit dem Intellekt an den Glauben und die Religion herangehen (können), die sich aufgrund ihrer Behinderung von Gebet und Gesang unmittelbarer durch das Herz anrühren lassen, vielleicht viel „ehrlicher" sind als manch frommer Gläubige ohne Behinderung. Als ich unsere behinderten Bewohner während des Gottesdienstes ministrieren ließ, wurde das zwar immer noch nicht von jedem gerne gesehen, weil sie oft ungelenk oder ungeschickt waren. Aber mir war es wichtig zu zeigen: Bei uns hat jeder seinen Platz. Diese kostbaren Ideen verdanke ich Henri Nouwen.

Beate || Dieser Respekt jedem Menschen gegenüber ist mir auch besonders wichtig. Aber es ist nicht nur wichtig, anderen einen Platz zu geben, wir müssen uns selbst auch genug Raum geben.

Bei Ruth Klocke habe ich gelernt, mich selbst, mein Leben noch mehr ins Zentrum zu setzen. Wenn das geschieht, kann ich wiederum andere besser sehen. Ruth war die Seminarleiterin unserer Kunsttherapie-Ausbildung in Köln. Sie hat mir in den vier Jahren nicht nur neue Dimensionen im Äußeren eröffnet, sondern sie hat mir vor allem den Schlüssel für meine noch verborgenen inneren Welten in die Hand gedrückt. „Eigentlich muss ich euch gar nichts erklären. Ihr seid eure eigenen Therapeuten, ihr entwickelt eure therapeutische Persönlichkeit selbst." Sie hat immer betont, dass sie uns lediglich die Werkzeuge dazu vermittelt. Und sie hat uns durch Fragen dahin geführt, wo wir allein vielleicht nicht hingegangen wären. Sie hat uns mit dieser Vorarbeit an uns selbst bereit gemacht, anderen Menschen helfend zu begegnen – und zwar mithilfe der Kunst. Und mit großer Achtsamkeit auf das einzugehen, was uns begegnet, sei es im Wort oder im Bild: „Hört nicht nur hin, was gesagt wird. Schaut hin, was geschaffen wird!" Denn: „Selbst, wenn ihr ein Bild eines anderen auch nur berührt, ist das Intimität mit dem, der es geschaffen hat. Dieser Mensch hat euch etwas anvertraut, was ganz tief in ihm ist." Aber sie hat uns auch ans Herz gelegt, achtsam mit dem umzugehen, was wir selbst zeigen. „Entscheide, was du zeigen willst! Schütze dich! Achte deine Grenzen! Es ist dein Bild!" Mit diesem neuen Bewusstsein zu malen, war eine ganz neue Dimension, auch für mich als Künstlerin.

Sehr eindrücklich war ein Kursmodul, als wir in Dormagen bei einem Steinmetz zu Gast waren. Eine Woche lang haben wir Steine geschlagen und geformt. „Wir müssen durch den Stein gehen. Wir müssen auch Widerstände überwinden. Sich selbst dabei treu bleiben." Was für eine Philosophie! Ich war hin und weg. So schlug ich Tag für Tag voller Hingabe an meinem Stein: ein Gesicht, das in Mann und Frau geteilt ist. Je nachdem, von welcher Seite man darauf schaut, sieht man die männliche oder die weibliche Seite. Aber: Beide wenden sich einem Kind zu, das sie in den Armen halten.

Ulrich || Und mein Felsbrocken war teilweise von einem steinernen Tuch umhüllt. Er schaute schon heraus, aber man sah, dass es noch etwas Zeit brauchen würde, bis er ganz enthüllt ist.

Beate || So, wie andere uns Schlüsselmenschen waren, und so, wie Uli und ich uns gegenseitig Schlüssel zum größten Glück waren und sind, so hoffe ich aus tiefstem Herzen, dass auch ich in und mit meinem Leben anderen Welten eröffnen konnte, die sie ohne mich und ohne meine Kunst nicht gesehen hätten.

Ulrich || Ich beobachte es oft bei den Atelierbesuchen, wie Besucherinnen die Tränen in die Augen steigen, wenn Beate aus ihrem Leben erzählt. Ihre Authentizität berührt die Zuhörerinnen. Ich glaube, sie fühlen sich bei ihr aufgehoben, aber auch ermutigt. Denn Beate zeigt sich mit allen Facetten, auch mit ihrem Ringen im Leben und mit ihren Grenzerfahrungen. Dies zu teilen, ist schon ein Stück Hilfe für viele Menschen, die sich sonst vielleicht mit ihrem Schicksal allein fühlen würden. Beate zeigt sich immer als Mensch, nie nur als Künstlerin.

Ich kann nur hoffen und beten, dass meine Arbeit solche Früchte trägt, dass ich Menschen helfen konnte, ein reicheres Leben zu führen. Ich habe als eine Art „Hausvater" im Kloster und den dazu gehörenden sozialen Einrichtungen immer versucht, nicht in meiner Funktion auf die Menschen, die Mitbrüder, die Bewohner, die Angehörigen, die Mitarbeiterinnen zuzugehen. Sondern eben auch als Mensch. Für mich ist es das größte Glück, wenn ich noch nach langer Zeit ein Echo erhalte, einen Gruß, einen Brief, eine E-Mail, dass meine Präsenz Wirkung gezeigt hat. Dass ich am Leben der anderen teilhaben durfte.

Mein Vorbild ist da seit jeher der heilige Martin. Immer ein Stück Mantel zu teilen, wo man nur kann. Ich teile mein Leben mit jemand anderem. Und wenn der dann lacht, sich freut, seine Augen strahlen, wenn auch nur für einen kurzen Moment, dann weiß ich: Ich war einer von vielen Schlüsseln, die dieser Mensch auf dem Weg zu seiner Heilung von Gott erhalten hat. Denn, meine Begabungen, was ich kann, ist ja nicht mein Verdienst allein, sondern ich selbst – davon bin ich zutiefst überzeugt – werde ja getragen und geführt von unserem guten Vater im Himmel, der größten aller Schlüsselfiguren.

Beate Heinen, „Zärtlichkeit und Kraft, aus Tuffstein, 2014

Zärtlichkeit und Kraft

Einander innig zugetan – um ganz zu werden – Du und Ich
Um ganz zu sein im Wir
Einander furchtlos angeschaut – um neu zu werden – Du und Ich
Um ganz zu sein im Du
Zwei Gesichter – und doch eine Liebe
Du und Ich in Stein gehauen – und doch voller Zärtlichkeit
Du und Ich
Um dem neuen Leben seinen Platz zu geben
Von Kraft getränkt – und doch hörbar ein sanftes Atmen
Neu geboren in das Leben – aus uns und doch Geheimnis
Leben ist nicht kalt erstarrter Stein
Will fließen und sich formen lassen
Um mehr zu werden ganz es selbst – und neues Leben
auszugießen
In eine Welt, die getränkt von Sehnsucht
Immer nach der Liebe schaut.

Ulrich Heinen

Beate Heinen, Selbstporträt, 1974

Vade mecum – Geh mit mir
Veni mecum – Komm mit mir

Beate || Wenn ich auf mein Leben zurückschaue, bin ich sehr zufrieden. Trotz aller Krisen und Herausforderungen empfinde ich es als ein sehr gelungenes Leben mit vielen wunderbaren Erfahrungen. Nur das ein oder andere hätte ich gerne früher verstanden, früher gewusst. Ich hätte gern einen Leitfaden gehabt, eine Art *Vademecum*, anhand dessen ich in manchen Situationen bessere Entscheidungen hätte treffen können.

Ulrich || Du meinst ein Buch für alle Lebenslagen, das einen begleitet? Ja, das hätte ich auch gerne gehabt. Aber wir haben es doch eigentlich ganz gut gemacht, findest du nicht? Und hätten wir an bestimmten Stellen im Leben anders entschieden, wären wir uns ja wahrscheinlich gar nicht begegnet.

Vielleicht werden unsere Enkel von unseren Erfahrungen profitieren, wenn wir ihnen erzählen, was wir aus ihnen gelernt haben … Das würde mich freuen. Am liebsten würde ich sie ab und an zur Seite nehmen und ihnen sagen, was mir im Leben wichtig war und ist. Wenn sie etwas älter sind …

Beate || Was wirst du ihnen sagen?

Ulrich || Ich werde ihnen sagen, dass sie eine große Bereicherung für unsere Welt sind, nicht nur für uns nahe Verwandte, sondern für viele andere Menschen. Dass sie dafür aber ihre Talente zum Leben erwecken und an sich arbeiten müssen. Sie sollen ihr ganzes Wesen ins Leben spielen, mitgestalten, mit ihren Stärken Beispiel für andere sein.

Ich werde sagen: „Und bei alledem geht Gott immer mit dir. Er wird dir immer nahe sein! Gott wird dir Menschen zur Seite stellen, die dir helfen, dich begleiten, dich stützen, wenn du das brauchst. Aber manchmal musst du dich auch auf diese Menschen zubewegen. Fühle dich nicht als Einzelkämpfer! Niemand kann alles. Irgendwann kommt man an die Grenzen seiner Möglichkeiten. Aber: Da wo deine Hand endet, beginnt eine andere, die du greifen kannst. Und so kannst du auch anderen deine Hand reichen, ihnen helfen, ihnen Hoffnung geben. Es ist ein Geben und Nehmen."

Beate || Es ist wichtig, dass sie wissen, dass man sich den Himmel zwar nicht verdienen muss, weil er jedem offensteht, aber dass man auch nicht erwarten kann, dass einem alles nur zufliegt.

„Liebe Enkelkinder, alles, was gut ist, kommt von Gott. Jede einzelne Erfahrung – selbst eine schmerzvolle –, die ihr sammelt, ist wertvoll, bringt letztendlich Sinn, Freude, Zufriedenheit und Vertrauen. Jetzt schon. Man muss sie nur richtig einordnen, Zusammenhänge entdecken, lernen."

Ulrich || „Deshalb ist so es so wichtig, dass ihr versucht, im Moment präsent zu sein, dass ihr genießt, was ihr *jetzt* erlebt, dass ihr auf das Schöne achtet – nicht alles muss auch einen Nutzen haben. Etwas auf das Herz und die Seele wirken zu lassen, reicht vollkommen aus – dass ihr in das Leben eintaucht, dass ihr nehmt, was es euch *jetzt* bietet, dass ihr eure Freiheit ausschöpft, dass ihr nicht jede potenzielle Gefahr meidet, sondern auch Risiken eingeht. Und ich wünsche euch, dass ihr unterscheiden könnt, zu welchen Möglichkeiten ihr auch Nein sagt. Nicht alles, was möglich ist, muss auch geschehen. Das eine vom anderen zu unterscheiden, ist oft nicht leicht. Übt nicht so viel Druck auf euch aus! Mir hat da immer das Gebet geholfen und etwas Zeit verstreichen zu lassen."

*

Zeit – Beate und ich wussten mehr als 50 Jahre nichts voneinander. Wir hatten bisher nur einen Lebensausschnitt von etwa 15 Jahren zusammen. Und natürlich ist der Trauungssatz „Bis dass der Tod euch scheidet" wie bei anderen Paaren auch Teil unseres gegenseitigen Versprechens. Er drückt aus: Ich vertraue mich dir an. Und du vertraust dich mir an – bis zum Tod. Da wir aber bereits in einer späteren Lebensphase angekommen sind, hat dieser Satz für uns noch mehr Bedeutung als für junge Brautpaare. Unsere Ehe ist angesichts unseres Alters offensichtlich begrenzt. Insofern leben wir eine außergewöhnliche Zweigleisigkeit: Auf der einen Seite fangen wir an abzuschließen, andererseits starten wir nochmal neu und planen unsere Zukunft. Das ist manchmal etwas verwirrend, aber vor allem auch sehr belebend!

Deswegen verstehen wir den Trauungssatz umso mehr als eine Aufforderung, den Augenblick *noch* mehr zu leben, *noch* bewusster mit dem Moment umzugehen, den wir gemeinsam erleben dürfen. Wir sind jetzt also eifrige „Momentesammler".

In den letzten Jahren haben wir viel über unser Leben im Gespräch reflektiert, viel erzählt, viel geteilt. Und um möglichst intensiv zu leben, gehen wir auch in Erinnerungen an unsere gemeinsam erlebte Zeit zurück. Wir leben also in zwei Zeitzonen: Wir erzählen uns von unseren Erlebnissen, genauso lesen wir in alten Tagebucheinträgen und schauen Fotos an. Wir halten uns vor Augen, was wir schon alles Gutes erleben durften. Und im Hintergrund läuft dazu Musik, die unsere Gefühle noch verstärkt: Flötenklänge von Hans-Jürgen Hufeisen.

Beate || Ich bin in solchen Momenten oft wehmütig und traurig, weil mir bewusst ist, dass unsere gemeinsamen Möglichkeiten zeitlich ziemlich begrenzt sind. Ich wünschte, unser gemeinsames Leben wäre wie eine Kerze, die langsam abbrennt, und wir könnten so sichtbar erkennen, wie das Leben nun zu Ende geht. Ach, wäre es schön, wenn wir zur selben Zeit sterben würden!

Ulrich || Was für ein Trost ist es da, dass wir uns in einer anderen Welt wiedersehen werden! Intensiv leben und sich auf das Sterben vorzubereiten, ist kein Widerspruch. Das ganze Leben ist doch ein ständiges Loslassen. Ich frage Beate manchmal: Müssen wir noch etwas regeln? Wollen wir noch etwas aufräumen? Gibt es noch etwas für unseren Nachlass zu ordnen? Was soll in unserer Stiftung später weiterleben?

Beate || Ich antworte dann meistens: Ich bin bereit, alles so zurückzulassen, wie es jetzt ist.

Ulrich || Diese Gespräche sind für uns nicht einfach. Ich versuche gelassen zu bleiben, denn bei allen Zweifeln habe ich auch die Hoffnung, nicht vor einer Wand zu stehen, wenn die Zeit des Abschieds kommt. Ohne diese Hoffnung würde mir etwas sehr Wichtiges fehlen. Selbst im größten Schmerz war bisher immer Gott bei mir, ich konnte mich ihm anvertrauen, ich war nicht allein. Darauf vertraue ich weiterhin. So schmerzvoll der Gedanke an einen Abschied von Beate ist – egal, wer zuerst stirbt –, so bin ich doch von einer großen Dankbarkeit erfüllt. Was haben wir schon alles Wunderbares gemeinsam erlebt!

Beate || Der Schmerz hält sich hoffentlich mit der Dankbarkeit die Waage.

Ulrich || Loslassen müssen wir ja irgendwann nicht nur voneinander, sondern auch von anderen und von dem eigenen Leben. Man kann viel besser loslassen, wenn man versöhnt ist.

Beate || Manchmal, wenn sich meine Tochter nach einem Besuch bei uns verabschiedet, in ihr Auto steigt und nach Hause fährt, fühle ich mich selbst wie ein mutterloses Kind. Wenn ich dann langsam das Geschirr vom Tisch abdecke, falle ich tief in eine Traurigkeit. Wäre Uli dann nicht da, würde ich innerlich wahrscheinlich ganz zusammensacken.

Ich kenne dieses Gefühl des Verlassenseins so gut. Es begleitet mich schon ein Leben lang. Lange Zeit habe ich nicht verstanden, warum mich solche Situationen und Gefühle wiederkehrend einholen. Eines Tages aber fiel es mir wie Schuppen von den Augen: Ich hatte meiner Mutter gerade etwas zu essen gebracht, da ergriff sie plötzlich meine Hand und bat mich, noch etwas bei ihr zu bleiben. Es war kurz vor ihrem Tod, als sie bereits bettlägerig war. Ich hatte das Gefühl, dass sie etwas bedrückt. „Beate, ich möchte dir noch etwas beichten", sagte sie. Mir wurde mulmig zumute. Was könnte das wohl sein? „1944 war in Essen häufig Fliegeralarm, das weißt du ja. Eines Nachts war es wieder einmal so weit. Wir mussten in den Luftschutzkeller …" Sie stockte und schluckte. „Also, ich musste mich leider entscheiden! Ich hatte doch nur zwei Hände. Der Kinderwagen war auch schon voll. Und Gisela verstand das doch schon alles. Und Eva war ja auch noch da …" Worauf wollte meine Mutter wohl hinaus? Je mehr sie erzählte, desto mehr dämmerte es mir. Dann sagte sie: „Ich dachte, du nimmst das doch gar nicht wahr, du warst ja noch ein Baby. Oh Gott, bitte Beate, verzeih mir!"

Meine Mutter hatte mich also bei einem Fliegeralarm nicht mit in den Luftschutzkeller genommen. Ich atmete tief durch – und zu meinem Erstaunen wurde ich weder wütend noch traurig. Ich sagte nur: „Ach, Mutti, es ist doch alles gut gegangen. Mach dir keine Sorgen mehr deswegen!" Ich war eher gerührt, dass sie mir ihr „Geheimnis", das sie so lange mit sich herumgetragen und das sie offensichtlich so sehr belastet hatte, nun anvertraute. Dass sie reinen Tisch machen wollte. Endlich. Sie war so erleichtert, als ich ihr keine Vorwürfe machte. Man sah ihr förmlich an, wie ihr der Riesenstein von der Seele fiel.

Ulrich || Daher rührt Beates Angst verlassen zu werden. Ich stelle mir vor, wie die kleine Beate ganz allein in ihrem Bettchen lag und um sie herum alles laut knallte und brannte – das alles in einer Atmosphäre der Angst. Und niemand kam und nahm sie schützend und tröstend in die Arme. Sie war allein. Sie wurde als Baby tatsächlich verlassen und muss das als Ur-Erfahrung abgespeichert haben.

Immer, wenn dann irgendjemand, den sie liebt, von ihr geht, wird diese Erfahrung wieder wachgerufen. Das zu wissen, hat mir sehr geholfen, Beate besser zu verstehen. So kann ich auch mit mehr Verständnis auf sie eingehen, wenn sie „überreagiert", wenn ich beispielsweise später als vereinbart nach Hause komme. Beates seelische Wunde, die ihr damals von ihrer Mutter zugefügt wurde, ist deutlich zu sehen.

Beate || Du hilfst mir sehr dabei, dass diese Wunde heilen kann. Wie schlimm diese Erfahrung für mich gewesen sein muss … Und für mich ist es auf meinem Weg der Heilung auch ein großer Schritt gewesen, meiner Mutter vergeben zu haben.

Ebenso bedeutsam war es mir, meiner Mutter auf dem Sterbebett Grüße an meinen Vater mitzugeben und sie um Verzeihung zu bitten für alles, was ich nicht gut gemacht habe. Es war mir so unendlich wichtig, in guter Weise Abschied von ihr zu nehmen.

Auch das sollten unsere Enkel von uns hören: zu vergeben und sich zu versöhnen bringt Heilung.

Ulrich || „Liebe Enkel, Gott liebt uns nicht, weil wir gut sind, sondern weil er uns liebt, können wir gut sein! Jeder Mensch hat eine

Geschichte. Verurteilt einen anderen nicht zu schnell." – Jeder von uns lädt irgendwann im Laufe seines Lebens Schuld auf sich. Wenn wir Fehler machen, sollten wir letzten Endes zu ihnen stehen. Die Frage lautet also: Wie gehen wir mit unserer Schuld um?

Fehler gehören auch zu meinem Leben. Die Herausforderung besteht für mich darin, aus ihnen zu lernen und da, wo ich Menschen Unrecht getan oder sie verletzt habe, zur Versöhnung aktiv bereit zu sein. Ich kann meine Schuld nicht aus meinem Leben herausschneiden, doch ich kann und darf sie Gott überlassen und so seiner Barmherzigkeit anvertrauen. Jedoch muss ich in einem ersten Schritt meine Fehler erst einmal als solche erkennen und als Wirklichkeit annehmen.

Manchmal musste ich im Leben Entscheidungen treffen, durch die ich anderen Menschen Schmerzen zugefügt habe. Entscheidungen für mich und gegen sie. Andere zu enttäuschen, ist schrecklich für mich. Aber ich habe da, wo ich konnte, in meinem Leben Versöhnung geschaffen oder mir wurde Versöhnung geschenkt. Was ich nicht heilen konnte, die noch herumliegenden Bruchstücke meiner Schuld, lege ich in Gottes Hände. Das ist im positivsten Sinn eine Notlösung. Ich kann nichts rückgängig machen und ich kann einfach nicht alles wiedergutmachen. Aber ich kann für den Menschen, den ich verletzt habe, eine Kerze anzünden und beten.

„Denkt daran, liebe Enkel: Wenn wir anderen vergeben, sollten wir uns im Umkehrschluss auch selbst Verständnis entgegenbringen und nicht immer zu hart mit uns selbst ins Gericht gehen. Wir sollten uns mit unserem eigenen Leben versöhnen." Mit der

Ulrich Heinen, Porträt Montmartre, 1973

Vergangenheit zu hadern, bringt nicht viel, aber mit ihr in Verbindung zu stehen und an die guten Bilder daraus anzuknüpfen schon.

Beate || Um Ulrich besser verstehen zu können, möchte ich mit ihm noch Stationen seines Lebens besuchen. Wir waren bereits gemeinsam an Orten meiner Biografie: meine Schule, mein ehemaliges Wohnhaus in Köln, meine Schweizer Stationen. Aber nun möchte ich noch mehr in Ulis Vergangenheit eintauchen. Mein großer Wunsch ist es, sein Taufbecken in Straelen zu berühren. Es ist so, als käme ich ihm dann noch näher. Als könnten wir etwas nachholen ...

Ulrich || Das geht natürlich leider nicht. Aber wir wollen mit dem Leben des anderen so eng wie möglich in Berührung kommen, uns so gut wie möglich verstehen lernen. Denn was bisher geschah, bestimmt auch unsere gemeinsame Zukunft.

Nachdem ich bei Beate eingezogen war, haben wir einen Anbau an unser Haus realisiert, der dafür symbolisch steht. Man geht durch einen schlanken Gang, links und rechts Bilder an den Wänden, vom alten Teil des Hauses in den neuen hellen Teil, der den Blick in den Garten weitet. Wir sind dankbar für unsere Vergangenheit, selbst für das Schwere, auch für die Belastungen, denn sie haben uns gestärkt. Und wir vertrauen darauf, dass das Leben nicht endet, sondern dass uns nach dem Tod eine einzige Umarmung erwartet.

Wir leben aber nicht den Abschied, sondern üben uns einzig im Loslassen, ohne dabei die Achtsamkeit für den Moment zu vergessen. Denn er ist das Leben.

Beate || Seit meiner Nahtoderfahrung vor sieben Jahren habe ich keine Angst mehr vor dem Tod. Es war früh abends, als ich gerade im Garten etwas herumspazierte. Ich wollte im Gewächshaus nach dem Rechten schauen, als ich urplötzlich zusammenbrach. Auf einmal standen meine verstorbenen Familienmitglieder in Weiß gekleidet im Halbkreis um mich herum. Sie schauten mich freundlich an und fragten: „Was möchtest du: weiterleben oder zu uns kommen?" Ich verspürte eine große Versuchung, zu ihnen zu gehen, denn es fühlte sich so schön an mit ihnen. Aber dann sah ich Uli und viele Menschen, die fest zu meinem Leben gehören. Sie alle sahen mich mit traurigen Blicken an und winkten mich zu sich. Da entschied ich mich weiterzuleben.

Als ich „aufwachte", lag ich im rechten Beet des Gewächshauses. Es war schon fast dunkel, das Haus schien weit weg, obwohl es ja nur wenige Schritte entfernt war. „Jetzt musst du gucken, wie du hier wieder rauskommst", sagte ich mir. Ich sah die Harke an der Tür des Gewächshauses stehen. „Du bist meine letzte Rettung!" Mit ihrer Hilfe zog ich mich mit meiner rechten Hand nach oben. Mein linkes Bein spürte ich gar nicht mehr. In Tippelschritten schleppte ich mich, auf die Harke gestützt, Richtung Haus. Dort angekommen, knipste ich das Licht an und sagte: „Danke schön!"

Ich zog mich mühsam die Treppe hinauf und legte mich erschöpft aufs Bett. Nach einer für mich nicht mehr nachvollziehbaren Zeit klingelte das Telefon. Eine Bekannte rief an, auch das eine Fügung. Ich erzählte ihr, was geschehen war und wollte mich wieder hinlegen. Sie jedoch sagte, ich bin in zehn Minuten da und wir fahren in die Notaufnahme des Krankenhaus. Dort wurde von einer Ärztin dann die Ohnmacht als kleiner Schlaganfall diagnostiziert. Nach weiteren Untersuchungen brachte mich meine Freundin wieder nach Hause. Dort informierten wir auch Uli. Danach schlief ich ruhig und erschöpft ein. Am nächsten Morgen kam Uli, denn auch er war sehr besorgt. Nach weiteren Untersuchungen erhielt ich eine entsprechende Medikation und die anfangs noch spürbaren körperlichen Ausfallerscheinungen verschwanden nach und nach. Die wichtigste Erfahrung für mich jedoch war, ich möchte leben und ich wusste mich noch mehr in Gottes Hand.

Ulrich || Der Tod ist eben nicht das Ende.

Auf dem Katholikentag in Saarbrücken lernte ich 2006 den georgischen Künstler Nika Bakhia kennen. Ich war von ihm und seinen Ideen so begeistert, dass ich an ihn den Auftrag für eine Skulptur vergab. Ein Jubiläum stand nämlich bevor: Die Nationalsozialisten hatten die Hausener Franziskaner wegen ihres Einsatzes für behinderte Menschen im Dritten Reich enteignet und vertrieben. 1947 waren sie zurückgekehrt und hatten ihre Arbeit wieder aufgenommen. Nun sollte das 60-jährige Jubiläum der Rückkehr gefeiert werden. Wir hatten beschlossen, an diesem besonderen Festtag sollte ein Denkmal der Menschlichkeit enthüllt werden: ein Sandstein mit den Maßen 150 x 220 x 400 Zentimeter. Der zentrale Gedanke für dieses Kunstwerk war: „Die Würde des Menschen ist unantastbar! – Leben muss begehbar sein." – So lauteten die beiden „simplen" Voraussetzungen für ein außergewöhnliches Kunstwerk.

Bakhia höhlte den Stein so weit aus, dass man ihn tatsächlich begehen kann. Der Eingang ist klein, es ist also etwas beschwerlich hineinzugelangen. Aber innen können zwei Menschen gegenüber Platz nehmen. Nach oben hin öffnet sich der Stein in einen breiten Lichtkorridor. Der Blick nach oben eröffnet durch ein Kreuz den Himmel. Das Licht Gottes und des Lebens fällt dadurch auf die Sitzenden herab.

So erleben wir es ja auch immer wieder im Umgang miteinander: Es braucht die Bereitschaft, mich auf das Leben der anderen einzulassen, damit wirklich Begegnung möglich wird.

Dieses Kunstwerk ist genauso wenig verrückbar, wie die Würde des Lebens unantastbar ist. Und wenn man sich nun noch einen großen Mühlstein vom Eingang weggerollt vorstellt, vereinen sich Tod und Auferstehung – und auf einmal ist Ostern ganz nah.

Meine Vorfreude auf die Einkleidung ist sehr groß. Ich erhalte das Ordenskleid, dieses äußere Zeichen der Zugehörigkeit zu Gott und zu dieser Brüdergemeinschaft. Ich freue mich natürlich auch schon auf den Besuch meiner Eltern und Geschwister. Ein Wiedersehen nach 6 Monaten. Es kommt mir viel länger vor. Ich spüre, wie nahe mir noch alles ist, was mein Leben vor dem Eintritt prägte. Wir werden sicherlich auch miteinander singen und viel zu erzählen haben. Und in all dem bist auch du mitten unter uns. Das alles ist zum Jubeln schön. Die Exerzitien zur Vorbereitung auf die Einkleidung haben mich beschenkt und ich glaube, sie können eine Hilfe sein für die nächsten Monate, vielleicht auch Jahre.
Ich bin sicher, du gehst mit deiner Güte vor mir her, vor uns allen. Dies möchte ich mir immer wieder bewusst machen, dann kann ich mich von mir lösen, um dir nahe sein zu können. Von Bernhard erhielt ich eine schöne Karte mit einem Zitat aus dem Buch des Propheten Jesaja:

„Meine Seele ist fröhlich über Gott.
Er hat mir ein Festkleid angelegt und gesagt:
Es ist alles gut zwischen dir und mir."

Ulrich Heinen, Aufzeichnungen, 29. April 1978

Ich bin bei dir

Wenn du durch Feuer und Wasser gehst,
du gehst nicht allein,
du gehst nie allein,
denn ich bin bei dir.

Meine Hand ist noch unter dir, um dich aufzufangen,
selbst wenn du in die tiefste Tiefe fällst.
Dein Lebensbaum wächst aus meinen Händen.
Du bist geborgen wie ein kleiner Vogel im Nest,
denn ich bin bei dir.

Wie ein Fisch im Wasser sollst du leben.
Wie jemand, der heimkommt in ein goldenes Haus;
sollst auch die Nacht nicht fürchten,
in der ich dich mit vielen Lichtern tröste,
denn ich bin bei dir.

Beate Heinen

Beate Heinen, „Ich bin bei dir", Acryl auf Leinwand, 2005

Wenn du hungrig bist, habe ich dir den Tisch gedeckt
mit Brot und Wein und der Rose der Freude.
Ein Licht im Fenster zeigt dir den Weg.
Meine Mutter trägt dich an ihrem Herzen.
Ganz hoch habe ich dir einen Stern aufgehängt,
denn ich bin bei dir.

Und wenn du einen Menschen findest, der dich braucht,
der ohne deine Hilfe nicht mehr weiter weiß,
leihe ich dir mein Herz und meine Stimme,
damit du zu ihm sagen kannst:
Ich bin bei dir.

Das letzte Wegstück ist vielleicht Wüste,
doch ich lasse die Wüste für dich blühen
und erwarte dich mit offenen Armen,
wärme dich mit meiner Liebe
und bleibe immer bei dir, in Ewigkeit.

Beate Heinen, Oktober 2005

Spätes Glück als Paar: Seit 2020 sind Beate und Ulrich verheiratet.

Basilika von Maria Laach: Das Kloster in der Eifel ist für Beate und Ulrich ein Ort der spirituellen Heimat, gemeinsamer Lebensgeschichte und des künstlerischen Wirkens.

Chorraum der Basilika mit Christus. „Du bist ein Gott, der mich sieht" (Gen. 16,13). – „Als ich das Mosaik zum ersten Mal sah, fühlte ich mich bei Gott willkommen", erinnert sich Beate.

Der Beginn eines fast fünfzigjährigen spirituellen wie künstlerischen Schaffens: Beates erstes Weihnachtsbild für Maria Laach – „Mülltonnenmadonna", 1976.

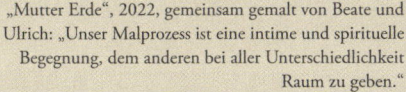

Dialogabend im Mutterhaus der Franziskaner: Beate und Ulrich im Gespräch über das Weihnachtsbild 2009, das ihnen beiden ein besonderes Miteinander bescherte.

Ausgezeichnete Künstlerin: Beate Heinens Werke sind ermutigend für das Leben, hier prämiert mit dem „Mind Award" 2017 im Mutterhaus der Franziskanerbrüder.

„Mutter Erde", 2022, gemeinsam gemalt von Beate und Ulrich: „Unser Malprozess ist eine intime und spirituelle Begegnung, dem anderen bei aller Unterschiedlichkeit Raum zu geben."

Blick auf Petersdom und Petersplatz bei der Heiligsprechung u.a. von Maria Katharina Kasper durch Papst Franziskus am 14. Oktober 2018 im Vatikan.

Einmalige Ehre für den Vatikan und die Heiligsprechung zu malen. Beate voller unsagbarer Freude (mit Ulrich, der fotografierte) auf dem Petersplatz in Rom.

Gemalt von Beate Heinen: Das Bild von Maria Katharina Kasper, Gründerin der Kongregation der Armen Dienstmägde Jesu Christi, am Petersdom.

2016 – gemeinsame Reise in die Vergangenheit. Ulrich und Beate auf Spurensuche in der Schweiz für Beates Kunstband „Stationen".

2019 – der erste gemeinsame Sommer in Wassenach.

2021 – Spatenstich für den Anbau des Hauses in Wassenach.

2020 – Foto zur standesamtlichen Trauung.

Kind zweier Welten: Die Idee für den „Beatus" wurde von Beate 1970 im Kloster in Eibingen geboren, der treue Wegbegleiter trat 1974, mit ihrem Austritt, zum ersten Mal in der Öffentlichkeit auf und erfreut sich für seine Verbindung aus Geist und Humor bis heute großer Beliebtheit.

Heiligtum, Wohnraum, Gaststube. Für Beate ist ihr Atelier ein Raum der Begegnung. „Der Raum lebt und hat einen sakralen Charakter", sagt Ulrich. „Ich freue mich, diesen Raum mitbeleben zu dürfen. Hier spielt sich unser Leben ab."

„Uns wird etwas blühen", 1996 – in neuer Hoffnung, neuer Kraft, neuen Anfängen und in einer neuen Sicht auf das Leben. Das wünschen wir uns, dass uns das möglich ist.

Geschenke des Himmels

Beate || Lange bevor ich Uli kannte, begegnete ich bei einer Ausstellung in Hannover einem Wahrsager aus Sri Lanka. Er las mir spontan aus der Hand. Ich war erstaunt, wie viel er von mir und meinem Leben zu wissen schien, obgleich ich ihm nichts erzählt hatte. Am Ende sagte er zu mir auf Englisch: „Und die große Liebe wirst du auch noch finden." Zu dem Zeitpunkt hatte ich zwar schon Beziehungen gehabt, aber die „Liebe", auf die ich mich verlassen konnte, den Mann, der an meiner Seite für immer sein wollte, hatte ich noch nicht gefunden. Ich gebe zu: Der Wahrsager machte mir mit seiner Weissagung große Hoffnung. Hoffnung auf ein Geschenk des Himmels.

Ich verspürte bereits so lange in meinem Herzen eine Sehnsucht nach einem Mann, mit dem ich eine verbindliche Beziehung leben kann, der nicht kommt und wieder geht, der wirklich an meiner Seite ist. Als ich Uli kennenlernte, wusste ich, wen der Weissager aus Sri Lanka damals meinte. Endlich durfte ich die wahre Liebe kennenlernen. Uli ist an meiner Seite und geht nicht weg.

Heute ist für mich die Zeit, die ich mit Uli verbringen darf, neben meiner Tochter das schönste Himmelsgeschenk, das ich mir nur vorstellen kann. Wir sind zwar nicht immer einer Meinung, aber wir spielen eine gemeinsame Melodie zusammen. Und besonders schön ist, dass wir uns nicht nur lieben, sondern dass unsere Leben Schnittmengen teilen, über die wir uns noch intensiver miteinander verbinden können, nämlich die Kunst und das Soziale. Ich habe so immer das Gefühl, wir sind mehr als nur ein Liebespaar.

Jeder Tag, den wir nun zusammen verbringen dürfen, ist ein Geschenk des Himmels für mich. Und wir haben ja noch einige Pläne: Wir bereiten gerade die Jubiläumsausstellung zu meinem 80. Geburtstag vor. Auch das empfinde ich als ein Geschenk des Himmels. Wir würden uns sehr freuen, wenn wir meine künstlerischen Arbeiten auch wieder in Maria Laach präsentieren könnten – trotz und mit unser beider Geschichte. Dieser Ort bedeutet mir so viel, weil er eng mit meinem Leben verknüpft ist. Hier führen für mich alle wichtigen Stränge zusammen. In der Krypta, dem kleinen Gottesdienstraum der Abtei, da, wo Uli und ich uns verlobt haben, wo bereits meine Tochter getauft wurde, geben wir uns auch vor Gott das Eheversprechen. Dass das möglich ist, rührt mich zu Tränen! Ich bin über alles dankbar für die Offenheit der Gemeinschaft. Gottes Segen für unsere Verbindung ist uns sehr wichtig. Und dann noch an diesem Ort!

Ulrich || Für mich hat das auch etwas von einer offiziellen Versöhnung mit der Kirche und mit unseren Orden, die wir verlassen haben. Beates Weggefährtinnen aus Klostertagen sind bereits verstorben oder pflegebedürftig und können zu unserer Trauung im Juni 2023 nicht kommen. Aber ich werde meine ehemaligen Mitbrüder einladen mitzufeiern. Ich hoffe, der eine oder andere wird kommen. Ich reiche allen die Hand, auch wenn es einigen schwer fiel, mich im Guten gehen zu lassen. Ich möchte ihnen anbieten: Auch so kann die Weggemeinschaft weitergehen.

Unsere Trauung wird wohl unsere größte Feier vor unserem Begräbnis bleiben. In diesem Bewusstsein hat die Liturgie für mich noch einmal eine besondere Dimension. Es wird nicht nur eine Feier unserer Liebe, sondern des Lebens und all seiner Möglichkeiten!

So lange „mussten" wir unsere Liebe verstecken, konnten uns nur im Verborgenen lieben. Jetzt aber sollen es alle sehen: Es ist gut, dass wir uns begegnet sind und nun tatsächlich als Frau und Mann unseren Weg gemeinsam weitergehen können.

Die Krypta in Maria Laach hat für mich darüber hinaus noch eine besondere Symbolik: Dort zelebrierten 1921, also bereits lange vor dem Zweiten Vatikanischen Konzil, mehrere Priester gemeinsam die Heilige Messe, die Wandlungsworte wurden *gemeinsam* auf Deutsch gesprochen. Davor musste jeder Priester die Eucharistie, also den Gottesdienst, jeweils allein an einem Altar feiern. Ich verstehe den Ort somit als einen Ort der Neuerung, des Aufbruchs, des Durchbrechens bestehender Konventionen. So wie wir das auch auf eine Weise getan haben. Die Krypta ist ein eher kleiner Ort, bescheidener als die große Abteikirche. Auch das ist für mich persönlich ein wichtiger Aspekt.

Ich habe schon unzählige Trauungen miterlebt, aber dass ich selbst einmal als Bräutigam vor dem Altar stehen werde, das hätte ich mir nicht träumen lassen. Das Leben ist voller Überraschungen und unerwarteter Wendungen.

Beate || Geschenke des Himmels bekommt man eben meist unvorbereitet. Sie sind Überraschungen. Sie fallen einem unverhofft in den Schoß. Wir müssen nicht für sie in Vorleistung gehen. Aber wir müssen uns für sie öffnen. Nur wenn wir unser Herz und unsere Arme öffnen, können wir sie empfangen und etwas mit ihnen anfangen.

Geschenke werden ja für gewöhnlich verpackt übergeben. Die Verpackung von Geschenken des Himmels ist das Leben selbst, das sind wir. Wenn ich mich entwickle, komme ich den eigentlichen Geschenken des Himmels immer näher. Und nachdem ich meinen Teil getan habe – denn es ist meine Aufgabe auszupacken –, halte ich erst das Geschenk in Händen.

Ein anderes Geschenk des Himmels war für mich, die Entwicklung meiner Tochter begleiten zu dürfen. Ich durfte Elisabeth ins Leben bringen, sie eine Zeit lang beschützen und fördern, bis sie ihre eigenen Himmelsgeschenke anfing auszupacken.

Ulrich || Dieses Himmelsgeschenk blieb mir leider verwehrt ... Ich erinnere mich, wie mein Vater jedes Mal, wenn sich Nachwuchs in unserer Familie ankündigte, zu uns ins Zimmer kam und verkündete: „Ihr bekommt noch ein Geschwisterchen!" Fünf Mal erlebte ich dieses Ritual vor dem Schlafengehen, diese Verkündigung der „frohen Botschaft" in unserer Familie. Ich habe sogar manchmal fast schon darauf gewartet. Wann ist es wieder so weit? – Das sind wunderschöne Kindheitserinnerungen. Wir Kinder waren für unsere Eltern auch Himmelsgeschenke. Für mich waren es meine Geschwister auch – und sind es bis heute.

Als meine jüngste Schwester Maria, die acht Jahre jünger ist als ich, von Aachen aus, wo sie damals studierte, mit ihrem Mann zu mir ins Kloster kam und mir mitteilte, dass sie Mutter wird, war das auch für mich ein großes Glück. Es fühlte sich an wie Weihnachten im Sommer.

Ich habe mich stets darüber gefreut, wenn wieder eine meiner dreizehn Nichten oder ein Neffe geboren wurden. Aber jedes Mal, wenn ich eines dieser Kinder auf dem Arm hatte, überkam mich auch ein Gefühl der Wehmut. Sehnsucht danach, auch Vater zu sein, mischte sich unter die Freude. Ich wurde von daher nie Papa genannt, ich war immer nur der Uli. Auch sagte zu der Zeit niemand „Onkel" oder „Tante". Ich blieb ohne „Titel", ohne nähere Bezeichnung. Zwar fühlte ich mich dennoch geliebt, aber eben eher wie ein großer Bruder, mit dem man spielte, wenn er mal wieder da war und Zeit hatte. So bekam ich von den Kindern, die in unserer Familie heranwuchsen, auch immer nur kurze Lebensabschnitte mit, Momente oder Zeichen aus der Ferne.

Ich zeigte es nicht nach außen und ließ es mir nicht anmerken, aber wenn ich mit meinen Nichten und Neffen spielte, schweiften meine Gedanken hin und wieder ab, und ich stellte mir vor, wie schön es wohl gewesen wäre, ein eigenes Kind heranwachsen zu sehen. Was hätte sich wohl gezeigt? Was hätte ich wohl dabei erleben dürfen? Und wenn ich mich dann wieder von ihnen verabschiedete, musste ich immer tief durchatmen: „Ach, das wäre wirklich schön gewesen ..."

Im Kloster und angesichts meiner vielfältigen Aufgaben rückten diese Gefühle und Gedanken allerdings wieder in den Hintergrund. Dort konzentrierte ich mich darauf, was *mein* Leben reich machte. Ich war zwar kein Vater, aber ich hatte andere tiefe Bindungen. Ich musste damit leben, dass beides nicht geht: Ordensmann zu sein und gleichzeitig Familienvater. Auf eines hatte ich eben zu verzichten. Auch wenn es verführerisch war, diesen leeren Raum mit anderem zu kompensieren, so übte ich mich doch darin, anzunehmen, dass er nun mal zu mir gehörte. Und ich genoss es, durch den guten Kontakt zu meinen Neffen und Nichten am Puls der Zeit zu bleiben, in die Lebenswirklichkeit der nächsten Generation mitgenommen zu werden.

Dass ich zwar nicht Vater, aber trotzdem Großvater werden durfte, ist für mich ein so großes Himmelsgeschenk, dass ich es kaum fassen kann. Gott hat mich bei Beates Familie ins Spiel gebracht und hat mir damit einen Herzenswunsch erfüllt. Meine Dankbarkeit könnte nicht größer sein.

Beate || Die Geschenke des Himmels werden uns in jedem Alter zuteil, ist das nicht herrlich? Es ist nie zu spät dafür. Aber auch nie zu früh.

Ich erinnere mich, wie mir unsere Hanni zur Feier der Krönung von Königin Elisabeth aus England ein wunderschönes Puppenhaus schickte, mit kleinen Möbeln und Figuren. So etwas hatte ich noch nie gesehen. „Wie aus heiterem Himmel" oder für uns „der Himmel auf Erden". Da brauchte es gar nicht mehr.

Ulrich || Ja, recht konkrete oder materielle Geschenke fühlen sich eben auch manchmal himmlisch an. Ich erinnere mich noch, als ich sieben Jahre alt war, bekam ich an Weihnachten mein erstes Fahrrad. Ich ahnte es schon, denn die Form unter dem weißen Tuch neben dem Christbaum deutete es an. Was für eine Tortur, dieses Warten, diese Spannung! Ist das wirklich ein Fahrrad? Und die alles entscheidende Frage: Ist das wirklich für mich?

Zuerst las unser Vater das Evangelium vor, von dem ich zugegebenermaßen nicht ein Wort mitbekam. Dann sangen wir – wie immer zwei Lieder – und dann endlich ... Die Geschenke! Das Christkind hatte mir ein blaues nagelneues Fahrrad gebracht! Direkt aus dem Himmel!

Manche Geschenke werden einem sofort als Geschenke des Himmels bewusst. Andere haben sich mir erst mit der Zeit als solche erschlossen. So auch mein Name. Ich wurde im Jubiläumsjahr des heiligen Ulrich von Augsburg geboren und erhielt deshalb seinen Namen.

Mein Vater bestand darauf, dass wir Kinder „in aller Bescheidenheit" und ohne großes Tamtam unsere erste Kommunion nicht mit all den anderen mit spektakulärem Einzug in die Basilika erhielten, sondern im kleinen Kreis in der Kapelle im Priesterhaus nebenan. Dort bekam ich als Geschenk einen Holzschnitt meines Namenspatrons, geschaffen von dem Kevelaerer Maler und Bildhauer Heribert Reul. Damals war mir noch nicht klar, dass der heilige Ulrich für mich von großer Bedeutung werden würde, denn dem Bischof war die Seelsorge wohl ein großes Anliegen gewesen. Er war ein starker Mann, der nicht scheute, sich in Konflikte zu begeben und gleichzeitig bescheiden, ja man sagt asketisch, zu leben. Als ich ins Kloster eintrat, bat ich darum, seinen Namen weiter tragen zu dürfen, weil er mir als Identifikation diente. Den Holzschnitt, den ich damals zur Kommunion bekommen habe, halte ich bis heute in Ehren. Er hat seinen Platz in unserem Schlafzimmer.

Auch die eigenen Begabungen und Befähigungen, die jeder Mensch von Gott erhält, verstehe ich als Geschenke des Himmels. Doch auch sie sind einem nicht gleich bewusst. Oft merkt man erst im Laufe der Zeit, was in einem schlummert. Sobald man sie erkannt hat, beinhalten diese Geschenke allerdings auch Auftrag und Verantwortung. Denn nutze ich meine Kraft nicht dafür, meine Begabungen einzusetzen, lasse ich die Geschenke unausgepackt, unbeachtet liegen – ein Affront gegen den, der sie mir übergeben hat.

Unzählige Male habe ich Projekte, die ich als Franziskaneroberer mit angestoßen hatte, morgens – und abends gleich noch einmal – in Gottes Hand gelegt: „Jetzt musst du mich begleiten! Ich kann das nicht mehr alleine." Oder ich habe mich vergewissert: „Ist das jetzt wirklich dein Wille – oder nur meiner?" Ich war in meiner Führungsrolle nicht immer sicher und wahrscheinlich auch nicht perfekt. Aber ich habe mich nicht vor ihr gedrückt. Ich weiß, ich habe das Talent dafür und habe deshalb dieses Geschenk von Gott auch verantwortungsvoll angenommen.

Beate || So geht es mir auch mit meiner Kunst. Ich sehe meine künstlerische Begabung als großes Geschenk an. Ich konnte oft mein Glück darüber gar nicht fassen. Und darüber, dass ich als freischaffende Künstlerin nicht einmal existenzielle Not erfahren musste, wie viele andere. So konnte ich mich – finanziell sorglos – entfalten und anderen durch meine Bilder Freude und Kraft schenken. Auch das ist wiederum ein Geschenk für mich, wenn ich Briefe oder Anrufe erhalte, dass meine Kunst Menschen berührt hat.

In den letzten Monaten denke ich sehr viel über die Worte Saat und Ernte nach. Und dann schaue ich auf die vielen Bilder, die die Wände unseres Hauses schmücken oder ich erinnere mich an die, die bei lieben Menschen einen Platz gefunden haben. All das ist „mein Saatgut", das ich seit vielen Jahrzehnten in unsere Welt streue. Manche Bilder sind mir gleich von Anfang an gut gelungen. Bei anderen war es ein langes Ringen. Und nun, da ich nicht mehr so viele neue Werke schaffe, darf ich ernten. Das tut so gut, zu spüren, dass meine Bilder über Jahre Menschen berühren und ihnen Hoffnung schenken. Meine Bilder sind letztlich Verkündigung. Manchmal sind sie aber auch Fenster, die einen kleinen Blick in den Himmel öffnen. Das zu erfahren und von Menschen zu hören, ist Balsam für meine Seele und lässt mich erfahren: Mein Leben hat schon allein deswegen einen Sinn. Zutiefst spüre ich hierin meine Berufung, die mir von Gott gegeben ist.

Ulrich || Wir hatten wirklich großes Glück im Leben mit unseren Geschenken.

Beate || Wir sind uns gegenseitig großes Glück ...

Ulrich || ... das wir sehr schätzen. Wir nehmen keinen Tag, den wir gemeinsam verbringen dürfen, als selbstverständlich hin. Wenn wir uns verabschieden, ich zur Arbeit gehe oder zu einem Termin, nehmen wir jedes Mal so Abschied, als wäre es das letzte Mal, in vollem Bewusstsein füreinander. Gott hat uns zueinandergeführt, jetzt ist es an uns, dieses Geschenk des Himmels zu pflegen und stets neu mit Leben zu füllen.

Beate || Wir zeichnen mit dem Daumen ein Kreuz auf die Stirn des anderen.

Ulrich || Wir umarmen uns.

Beate || Wir geben uns einen Kuss.

Ulrich || „Du bist mein Gottesgeschenk!"

Beate || „Und du meins!"

Ulrich || Gottes Liebe wandelt und verwandelt.

Beate und Ulrich || Das größte und letzte Geschenk des Himmels ist die Gewissheit, dass wir nicht tiefer fallen können als in Gottes Hand.

Epilog

Immer noch sind wir auf der Suche, mehr und mehr eins zu werden, ohne gänzlich zu verschmelzen. Diese Sehnsucht bleibt, so hoffen wir, noch lange lebendig.

Dabei ist uns deutlich geworden, dass unser Eintauchen in Gott, unsere spirituelle Sehnsucht, uns immer wieder bei den Menschen hat auftauchen lassen – nicht zuletzt bei einander. Selbst Lebensmomente der Einsamkeit, die zum Leben dazugehören, konnten unsere Hoffnung auf Erfüllung unserer Sehnsucht nicht löschen.

Momente tiefen Glücks lassen sich jedoch nicht festhalten. Doch wir können sie verinnerlichen und ihnen einen Platz in unserem Herzen geben.

Glücklicherweise ist unser Weg noch nicht zu Ende. Noch liegt Weg vor uns, der auch weiterhin von Fragen, Ängsten und Unsicherheiten begleitet sein wird. Die Arbeit an diesem Buch und die Erinnerung an so viele tragende und stärkende Momente schenken uns jedoch Zuversicht und Hoffnung für die Zukunft.

Dieses Buch soll kein Lehrbuch sein. Vielmehr möchten wir die Leserin und den Leser ermutigen zum Hinhorchen auf das

Beate und Ulrich Heinen, „Zukunft", 2020

Geheimnis des eigenen Lebens. Spurenleserin und Spurenleser des eigenen Lebens zu werden, das ist unsere Berufung und nicht zuletzt gilt es, Gottes Spuren in unserem Leben zu entdecken.

Hindurchgehen durch Unsicherheiten gehört dazu. Selbst Unverständnis und Kopfschütteln, ja sogar Ablehnung können dazugehören. Doch letztlich gilt es, das Leben mit beiden Händen zu greifen, zu ergreifen, denn auch in dunklen Momenten trägt uns eine tiefe Hoffnung, die Liebe heißt.

Danksagungen

Beate und Ulrich Heinen

Zuallererst möchten wir für das wunderbare Geschenk unseres Lebens danken.

Ebenso danken wir all jenen, die unser Leben bisher begleitet und wesentlich mitgeprägt haben. Sie stets an unserer Seite zu wissen, gibt uns Halt und Zuversicht.

Beate dankt insbesondere ihrer Tochter Elisabeth und ihren Geschwistern Gisela, Michael und Georg.

Ulrich dankt insbesondere seinen Geschwistern Ludger, Georg, Michael, Thomas, Maria, Ansgar und Rita.

An dieser Stelle möchten wir auch unseren ehemaligen Mitschwestern und Mitbrüdern danken, mit denen wir viele Jahre unser Leben im Kloster geteilt haben.

Eine für uns besondere Erfahrung war auch die kompetente und so engagierte Umsetzung durch Heidi Friedrich. Die Fülle all unserer Erlebnisse, Erfahrungen und Begegnungen in eine Buchform zu bringen, verlangte nicht nur Kreativität, sondern war sicher eine große Herausforderung.

Wir bedanken uns, gemeinsam mit unserer Co-Autorin, bei Stefan Rüth. Er hat uns in seiner wichtigen Aufgabe als Lektor sehr einfühlsam und mit großem Enthusiasmus begleitet.

Die Begegnung und fotografische Arbeit mit Harald Oppitz war ein weiterer, wichtiger Baustein für das Gelingen dieses Projektes.

Natürlich danken wir auch Walter Müller, der uns mit einigen Fotos aus dem Buch „Stationen" unterstützt hat.

Beate dankt den Benediktinern von Maria Laach herzlich für die künstlerische Förderung, die sie von ihnen erfahren durfte, und dem Klosterverlag für die fruchtbare Zusammenarbeit.

Auch der Rhein-Zeitung dankt Beate für über 30 Jahre verlässliche und gute Zusammenarbeit.

Wir möchten auch einander Danke sagen. Die Wegstrecke bis zur Fertigstellung des Buches hat uns noch mehr erkennen lassen, was wir füreinander sind und auch sein können. Zutiefst ist es für uns die Bestätigung, dass Gott uns zueinandergeführt hat und auch weiterhin mitten unter uns ist.

Heidi Friedrich

Ich danke Beate und Ulrich Heinen für ihr Vertrauen! Unsere Gespräche waren eine große Bereicherung für mich. Und ich bewundere beider Kunst.

Ich danke den Mönchen im Benediktinerkloster der Erzabtei St. Martin in Beuron für ihren Dienst, ihren Gesang und ihr Gebet. Ihre Präsenz spendet uns allen Kraft.

Ich danke meinem geliebten Gisbert Dahmen-Wassenberg für sein Vorbild im festen christlichen Glauben und unserer Tochter Fritzi für ihre wunderbare Spiritualität, mit der sie mich immer wieder erstaunt.